CATALOGUE

DES

ESTAMPES

DE

J. ADAM DE BARTSCH,

CHEVALIER DE L'ORDRE DE LÉOPOLD, CON-
SEILLER AULIQUE ET PREMIER GARDE DE LA
BIBLIOTHÈQUE IMP. ET ROY. DE LA COUR,
MEMBRE DE L'ACADÉMIE DES BEAUX ARTS
DE VIENNE.

PAR

FRÉDÉRIC DE BARTSCH,

Écrivain de la Bibliothèque Imp. et Royl.
de la Cour.

De l'imprimerie d'Antoine Pichler

et se vend

Chez Tendler et fils, libraires.

1818.

Addition au Catalogue de l'œuvre de M. Bartsch
par Frederic Bartsch

N°

100. Ste famille.
Sous le trait carré et lieu légèrement à la pointe.
Le dessin original se trouve à la Bibliothèque
de Vienne.

101. Martyre de St Erasme: Le corps du martyr
entièrement nud, appartient par le dessin musculaire
ou très masculin; mais on voit les deux d'une forme
très profondément prononcés, qu'ils ne peuvent être
les précurseurs d'un homme.
Sous le trait carré est écrit légèrement à la pointe.
Le Dessin original se trouve à la Bibliothèque de
Vienne.)

102. Frontispice; Groupes d'animaux. tête.
Il y a des épreuves avant d'inscription; à Vienne
au Bureau des Arts et d'industrie.

PRÉFACE.

Le catalogue que je remets ici aux amateurs de l'art, n'étoit d'abord point destiné
à être imprimé. Si néanmoins je le rends
public à présent, je ne fais que céder aux
désirs des curieux qui se plaisent à recueil-
lir les estampes de mon père, et qui ont eu
connoissance de mon ouvrage.

Ayant rédigé ce catalogue d'après les
cinq recueils les plus riches dont j'aie connoissance, savoir ceux de la Bibliothèque

Imp. et Royl. de la Cour, de Son Altesse
Royl. Msgr. le Duc Albert de Saxe-Teschen,
de M! le Comte de Fries, ma propre collection, et celle de M! J. Grünling, ama-
teur, je puis assurer avec certitude qu'il est
parfaitement complet.

.

Rempli de respect et d'amour filial, je
ne saurois juger les ouvrages de mon père
qu'avec partialité; je m'abstiendrai donc de
parler de leur mérite, et ce d'autant plus
que le public a déjà fixé son opinion à cet
égard. Cependant beaucoup de planches de
cet oeuvre ayant déjà fortement usées par
les marchands, du fond desquels elles font
partie, je crois devoir avertir les amateurs,
qu'ils feroient grand tort à leur auteur,
s'ils vouloient mettre sur son compte les

imperfections des épreuves tirées de ces
planches, lorsque celles - ci n'étoient plus
propres à rendre la valeur que l'artiste y
avoit portée originairement, et dont le
manque altère l'effet de toute estampe, fut
elle même le plus grand chef - d'œuvre de
l'art!

Les estampes qui forment l'œuvre de
mon père, étant de nature très diverse, tant
à l'égard des maîtres, d'après lesquels elles
ont été gravées, qu'à l'égard des sujets
qu'on y a représentés, et du genre de gravure qu'on a employé à leur exécution, j'ai
cru qu'en rédigeant mon catalogue, il ne
falloit pas me tenir aux formes usitées, mais
lui donner un arrangement qui, en facilitant
les recherches à y faire, indiquât en même

temps l'ordre, suivant lequel les estampes
mêmes devroient être rangées de la manière
la plus convenable pour ceux qui en feroient
le recueil.

Quant à la description des estampes,
je me suis borné à n'en faire que le détail
indispensable, d'autant plus que j'ai eu le
plus grand soin de rendre exactement compte
de toutes les inscriptions qui sont sur les
estampes, et qui contribuent le plus à s'assurer de leur identité.

C'est avec ce même soin que j'ai indiqué les différences des épreuves à la description de chaque pièce où l'on a fait des changemens dans la planche.

J'ai même fait mention des pièces dont je sais qu'on n'en a jamais tiré qu'une couple d'épreuves tout au plus. Ayant donné à ces pièces le nom d'*épreuves d'essai*, j'ai voulu avertir les amateurs qu'ils ne devoient guère espérer de pouvoir se les procurer.

Il ne me reste qu'à observer que la mesure dont je me suis servi pour désigner la dimension des estampes, est l'ancien pied de Paris, et que les expressions de *droite* et de *gauche* que j'ai employées pour marquer l'emplacement des objets représentés, se rapportent à la main droite et à la main gauche du spectateur.

I. PIÈCES GRAVÉES POUR LA PLUS
GRANDE PARTIE D'APRÈS LES PROPRES
DESSEINS.

PAR ORDRE CHRONOLOGIQUE.

1771.

1. **B**uste de Minerve, vu de profil et tourné
vers la droite. Dans un ovale. On y lit:
A B. — *Mus: flor.* Au milieu se trouve la
mesure du camée. Cette estampe est gravée d'après celle du *Musée de Florence.* C'est
le premier essai d'*A. de Bartsch,* fait à l'âge
de quatorze ans. Il exécuta son dessein de
main libre, n'ayant pas eu connoissance
du procédé de le calquer sur la planche.
L'effet de l'eau-forte lui ayant été étran-
ger, il arriva que la planche en fut gâtée.

Hauteur : 1 p. 3 lig. — Largeur : 1 p. 10 lig.

1775.

2. Buste de Minerve, vu de profil et tourné

A

vers la droite. Dans un ovale. On y lit:
Muf. fl. — *A. B. sc.* Cette estampe est gravée d'après celle du *Musée de Florence*. C'est le second essai d'*A. de Bartsch* *).

Hauteur : 2 p. 3 lig. — Largeur : 2 p. 1 lig.

3. Tête de Socrate en buste, vue de profil et dirigée vers la droite. On y lit : ΣΟΚΡΑΤΗΣ. — *A: Bartsch f.*

Hauteur : 2 p. 6 lig. — Largeur : 2 p. 1 lig,

4. Génie assis sur une boule, tenant de la main droite élevée un oiseau attaché à un cordon qu'il a dans l'autre main. Pièce marquée : *A B. f.*

Hauteur : 2 p. 7 lig. — Largeur : 2 p. 1 lig.

5. Vignette, où sont représentées deux tourterelles qui se béquetent. Ces oiseaux sont debout sur un carquois rempli de flèches, et une torche allumée qui se croisent.

Largeur : 2 p. 2 lig. — Hauteur : 1 p. 10 lig.

---

*) Mr. Grünling conserve dans le recueil de son oeuvre une épreuve tirée de cette planche, avant qu'elle a été retouchée au burin. Sur le dos de cette épreuve a été écrit de la main de l'artiste : Mein zweeter Versuch. Im Monath October 1775, c'est-à-dire : Mon second essai, Au mois d'Octobre 1775.

6. Vignette offrant deux génies ailés qui
feuillettent dans un livre. Dans un cartouche, surmonté d'une couronne et de
festons de fleurs.

　　Largeur: 4 p. 2 lig. — Hauteur: 3 p. 10 lig.

1776.

7. Buste d'un vieillard, vu presque de profil
et dirigé vers la gauche. Il a la barbe longue
et les cheveux liés d'un ruban. On lit à la
gauche d'en bas: *A B. f.* 1776.

　　Hauteur: 3 p. — Largeur: 2 p. 2 lig.

8. Petit ange assis, tenant entre ses deux
mains un livre ouvert dans lequel est écrit:
Adam Bartsch 1776. Dans un ovale orné
de fleurs en haut et en bas. Pièce marquée: *No.* 1.

　　Hauteur: 2 p. 7 lig. — Largeur: 2 p. 1 lig.

9. Génie dans l'attitude de la plus grande
affliction, étendu sur un nuage. A gauche
on voit un monument sépulcral. Au bas
de ce même côté est l'année 1776. Cette
vignette a été gravée d'après une estampe
de *Ch. Eisen*, pour une oraison funébre à

A 2

l'occasion de la mort de Mʳ Matthieu de
Hefs, professeur de l'histoire à l'univer-
sité de Vienne, par Mʳ Joseph Ernest
Mayer. Cette oraison a pour titre : Trauer-
rede auf den Hrn. Matthäus von Heß. Wien.
1776. 8.

Largeur: 3 p. 6 lig. — Hauteur: 2 p. 10 lig.

Epreuve d'essai moins terminée, tirée de la
planche avant qu'elle ait été diminuée.

Cette épreuve a 4 p. 3 lig. de largeur sur 3 p. 4 lig. de
hauteur.

10. Un piédestal surmonté d'un vase et entouré de plusieurs instrumens de musique.
On remarque sur le devant à droite un
buste antique jetté par terre près d'un panier. Ce morceau a été destiné à être placé
à la tête d'un livre. Cette planche a été
supprimée, après qu'on n'en eut tiré qu'une
couple d'épreuves qui sont très foibles,
parceque l'opération de l'eau - forte y a
manquée.

Hauteur : 5 pouces ? — Largeur : 3 pouces ?

1777.

11. Génie, un genou en terre, entouré de

plusieurs livres. Sur une feuille de papier jettée à terre est écrit : *F. zeiller.* On lit en bas, à gauche, l'année 1777, et à droite : *A B fecit.* Ce morceau a été destiné pour être collé dans les livres de la bibliothèque de M^{r.} le conseiller aulique de Zeiller. La figure est prise d'une estampe de *Jacques Schmutzer.*

Hauteur : 3 p. 7 lig. — Largeur : 2 p. 4 lig.

Epreuve d'essai avant l'année 1777, et avant le chiffre de l'artiste.

1779.

12. Un petit génie voltigeant en l'air. Il est vu de face, tenant une couronne de fleurs à chaque main. Cette planche n'a pas été achevée.

Hauteur : 2 p. 7 lig. — Largeur : 2 p. 6 lig.

13. Dédicace pour être mise à la tête d'une tragédie intitulée : *Edwin et Emma* par Mr. Schrämbl. On y a représenté en bas l'amour désarmant un enfant femelle prête à se donner la mort. Ces figures sont dans un cartouche entouré de fleurs et de palmes. Dans la partie supérieure de cette

estampe on lit : *Der wohlgebohrnen Frau , Carolina von Greiner — — — Der Verfasser.* Au bas du côté gauche est l'année 1779 , et à la droite le nom du graveur : *A. Bartsch fecit.*

Hauteur : 6 p. — Largeur : 3 p. 10 lig.

Epreuve d'essai avant la dédicace à Mad. de Greiner.

14. Dessein d'un jetton des Pays-bas Autrichiens de forme octogone. L'avers placé à gauche offre le buste du prince Charles de Lorraine , gouverneur des Pays-bas , frère de François Ier, Empereur d'Allemagne. On lit autour de ce buste : CAR : ALEX. LOTH. DVX BELG. PRAEF. Le revers placé à droite porte l'inscription : BRV-XELLAE AREIS ET AEDIFICIIS AVCTAE ET ORNATAE. M. D. CC. LXXVIII. Cette estampe a été gravée pour un journal littéraire intitulé : *Wiener Real Zeitung* , et publié à Vienne en 1779 par Conrad Bartsch , frère d'Adam.

Largeur : 6 p. — Hauteur : 4 p. 11 lig.

1780.

15. L'empereur Maximilien Ier en habit de

chasseur de chamois. Il est debout sur un rocher escarpé, et tourné vers la droite de l'estampe. Il tient de ses deux mains une arbalète. Cette planche n'a pas été terminée. Il n'en existe qu'une seule épreuve que l'on conserve dans l'œuvre de la Bibliothèque Imp. et Royal.

Hauteur: 9 p. — Largeur: 5 p. 11 lig.

16. Un petit garçon ayant la tête couverte d'un chapeau à trois cornes, faisant des efforts pour retirer un autre enfant de l'eau par les cheveux. Le fond offre un tronc d'arbre entouré de buissons. Cette estampe a été destinée pour une pièce de théâtre de Mr. l'abbé Huber.

Largeur: 2 p. 8 lig. — Hauteur: 2 p. 2 lig.

1782.

17. Vignette avec le buste d'Horace, vu de profil et tourné vers la droite. Dans un médaillon ovale entouré d'une branche de laurier et d'une branche de chêne. Le long de la tête est écrit : HORATIVS. Pièce marquée: *Bartsch f.* Cette vignette a été gravée d'après une estampe de *T. Worlidge,*

pour les poésies de Louis Blumauer, édition de l'année 1782. Cette estampe est très difficile à trouver.

Hauteur : 4 p. 11 lig. — Largeur : 2 p. 5 lig.

Epreuve d'essai tirée de la planche avant qu'elle ait été diminuée.

Cette épreuve a 3 p. 3 lig. de hauteur sur 2 p. 9 lig. de largeur.

18. Vignette pour le second chant de l'Enéide travestie par Louis Blumauer, publiée en 1785. Elle représente le cheval de bois que les Troyens mènent en triomphe vers la ville. Sur le devant à gauche un moine tient une bulle papale *). Pièce marquée à la droite d'en bas : *A. Bartsch fecit* 1782. Cette estampe est très difficile à trouver.

Largeur : 3 p. 3 lig. — Hauteur : 2 p. 7 lig.

1784.

19. Portrait en profil du père Arnaud, reli-

---

*) On a dans l'oeuvre de Mr. de Bartsch qui se trouve à la Bibliothèque Imp. et Royal de Vienne une première épreuve de cette estampe qui est peut-être unique. Le moine y est vêtu d'un froc de capucin, et on voit deux sceaux attachés à la bulle.

gieux de l'ordre de St. Augustin à Vienne, représenté dans un jardin, ayant un livre à la main. Ce portrait, quelque petit qu'il soit, est d'une ressemblance frappante. *P: Arnold. — Adam Bartsch del: et sculp.* Pièce très rare.

Largeur : 4 p. 6 lig. — Hauteur : 3 p. 8 lig.

Epreuve d'essai avant le nom : *P: Arnold.*

Epreuve d'essai antérieure moins travaillée, avant que la planche fut diminuée aux deux côtés.

Cette épreuve a 5 p. 7 lig. de largeur.

1785.

20. Vignette emblèmatique, où l'on voit un aigle ayant une palme dans le bec et perché au sommet d'une colonne, contre laquelle un ancre couronné est appuyé. *A. Bartsch f.*

Hauteur : 5 p. 1 lig. — Largeur : 3 p. 11 lig.

On a de ce morceau deux épreuves.

Dans la première l'aigle n'a point de palme dans le bec.

La seconde est celle que nous avons détaillée.

21. Vignette emblèmatique avec un treillage. On remarque sur le devant à droite un

ancre, une couronne royale, et une espèce de calice.

Largeur : 3 p. s lig. — Hauteur : 4 p. 4 lig.

On a deux épreuves de cette estampe.

Dans la première on remarque au milieu d'en haut un triangle, un compas, un pied de roi, et un plomb mis en groupe. Dans l'espace vuide on lit : $Tafel = \square \therefore g \therefore H \therefore A$ Ja gauche d'en bas est écrit : $B \therefore Bartsch \ d. \ altere. \ fecit.$

La seconde épreuve est celle que nous avons détaillée. Elle est sans le groupe des instrumens de mathématiques, et sans les inscriptions.

22. Ecusson d'armes de Mr de Lobenschus, particulier à Vienne. On y a représenté un écu ovale dans un cartouche orné de festons, de fleurs, et de lauriers. L'écu est coupé, au premier à un aigle orné d'une couronne royale, au second à une branche de laurier et une épée en sautoir. L'écusson est timbré d'un héaume décoré de panaches. Cette pièce est difficile à trouver.

Hauteur : s p. 7 lig. — Largeur : 3 p. 8 lig.

23. Portrait d'Adam de Bartsch, âgé de vingt huit ans, à mi-corps et vu de face. *Adam*

Bartsch se ipsum delineavit et sculpsit. 1785;
mense Mantii.

Hauteur: 6 p. 4 lig. — Largeur: 4 p. 8 lig.

On a de ce morceau quatre sortes d'épreuves.

La première est avant la lettre et au fond blanc.

La seconde est avec la lettre, au fond blanc, et
avec le mot *deliniavit.*

La troisième est avec la lettre, au fond blanc,
et avec le mot *deliniavit* corrigé en *delineavit.*

La quatrième présente la tête dans un fond.

24. Portrait de Mademoiselle S** en buste.
Elle est vue de face. On lit à la droite d'en
bas : *A. Bartsch del: et sc.* 1785. Cette pièce
est difficile à trouver. La planche n'en
existe plus.

Hauteur : 6 p. 4 lig. — Largeur: 4 p. 8 lig.

25. Portrait de cette même demoiselle en
buste. Elle est vue de trois quarts et dirigée vers la gauche. Ses cheveux sont liés
d'un ruban. *A: Bartsch inv: et sculps:* 785.

Hauteur: 6 p. 3 lig. — Largeur: 4 p. 8 lig.

On a de ce morceau quelques épreuves avant la
lettre.

26. Portrait de Madame M** en bonnet de
nuit. Elle est vue de profil et dirigée vers

la gauche. En buste. *A : Bartsch del : Parisiis 1784 et sculps : Viennae 1785.*

Hauteur : 9 p. — Largeur : 6 p. 9 lig.

On a de ce morceau quelques épreuves avant la lettre.

1786.

27. Un encadrement offrant au milieu un ovale entre deux cartouches, dont l'un est en haut, l'autre en bas. Cette pièce a été destinée pour servir de passe-par-tout pour divers portraits dessinés à la sanguine par l'artiste.

Hauteur : 9 p. 11 lig. — Largeur : 6 p. 8 lig.

On a de ce morceau deux épreuves.

Dans la première les deux cartouches sont en blanc, et la pièce est marquée à la droite d'en bas : *Durch B ∴ Adam Bartsch.*

Dans la seconde les deux cartouches sont couverts de traits perpendiculaires faits à la pointe sèche, et l'inscription à la droite d'en bas y est supprimée.

28. Frontispice de livre représentant une grande pierre surmontée d'un vase. Au bas on voit les attributs de la peinture, sculpture, et gravure. Ce frontispice a été gra-

vé pour les volumes d'estampes de la Bibliothèque Imp. et Royal de la Cour. — *Adam Bartsch fecit* 1786.

Hauteur : 16 p. 9 lig. — Largeur : 11 p. 11 lig.

1788.

29—34. Six pièces gravées d'après les desseins de différens maîtres pour une histoire universelle publiée à Vienne par M^r l'abbé Schwerdling.

29). Aaron jettant sa verge devant Pharaon et la changeant en serpent. — *Moses Wunder vor Pharao.* On lit en bas, à gauche : *Pitschmann inv :*, à droite : *A. Bartsch sc.* Au milieu d'en haut est le numéro 22.

Hauteur : 5 p. 5 lig. — Largeur : 3 p. 6 lig.

30). Le retour des émissaires Israélites du pays de Chanaan, portant une grappe de raisin sur une perche. *Rukkehr der Kuntschafter aus Kanann.* On lit à la droite d'en bas : *A. Bartsch fecit.* Au milieu d'en haut est le numéro 30.

Hauteur : 4 p. 11 lig. — Largeur : 3 p. 2 lig.

31). Jahel montrant à Barac le corps mort

de Sisara qu'elle vient de tuer. — *Sisara wird von der Jahel ermordet.* On lit en bas, à gauche: *Lange inv:*, à droite: *A. Bartsch sc.* Au milieu d'en haut est le numéro 38.

Hauteur: 3 p. 10 lig. — Largeur: 3 p. 6 lig.

32) David coupant la tête à Goliath. — *Davids zweikampf mit Goliath.* D'après Michel-Ange Buonaroti. On lit à la droite d'en bas: *A. Bartsch fecit.* Au milieu d'en haut est le numéro 44.

Hauteur: 3 p. 5 lig. — Largeur: 3 p. 6 lig.

33) Jonathas contractant une alliance avec David. — *David ein Freund des Jonathas.* On lit en bas, à gauche: *Lange del.*, à droite: *A. Bartsch sculp.* Au milieu d'en haut est le numéro 47.

Hauteur: 3 p. 10 lig. — Largeur: 3 p. 6 lig.

34) David en fuite. — *David muss fliehen.* On lit en bas, à gauche: *Lange inv:*, à droite: *A. Bartsch sc.* Au milieu d'en haut est le numéro 49.

Hauteur: 3 p. 5 lig. — Largeur: 3 p. 7 lig. *)

---

*) On conserve dans l'oeuvre de Mr. de Bartsch qui

35. Buste de Maurice, comte de Lascy, Maréchal des armées de l'empereur, vu de profil et dirigé vers la droite. Dans un ovale. Cette estampe est gravée d'après un bas - relief en marbre, fait par *Joseph Ceracchi*. On lit sur une table : JOSEPHUS II. AUG.MAURITIO.LACI···. ANNO.MDCCLXXXVII. Pièce marquée à la droite d'en bas: *A. Bartsch sculp.*

Hauteur : 10 p. 10 lig. — Largeur : 7 p. 1 lig.

On a de ce morceau trois sortes d'épreuves.

La première est avant la lettre.

La seconde porte l'inscription suivante : *Dieses aus Carrarischem Marmor von Joseph Ceracchi in halb erhobener Arbeit verfertigte Bildniß wird auf Befehl Sr. k. k. Majestät in dem Arsenale der neuerbauten Festung Pleß aufgestellet.* Le nom du graveur: *A. Bartsch sculp.* est marqué à droite.

Dans la troisième cette inscription a été supprimée; mais le nom du graveur y a été conservé.

1789.

36. Portrait d'A. Berghofer, homme de lettres, en buste, vu de profil et dirigé vers la droite. Dans un ovale. — A. BERG-HOFER. *Für dessen Freunde gestochen von Adam Bartsch.*

Hauteur : 7 p. 5 lig. — Largeur : 4 p. 11 lig.

On a de ce morceau quelques épreuves avant la lettre. Elles sont marquées au bas de l'ovale du nom de l'artiste: *A. Bartsch fecit.* Ces mots gravés à la pointe sèche ont été effacés depuis dans les épreuves avec la lettre.

37. Portrait de Charles, prince de Ligne, à mi-corps et vu de profil. Il est dirigé vers la gauche. Dans un ovale. Gravé à l'eau-forte et repassé aux roulettes. CHARLES PRINCE DE LIGNE *Chevalier de l'ordre de Marie Thérèse etc. — Dessiné d'après nature et gravé par A. Bartsch.* 1789.

Hauteur : 8 p. 9 lig. — Largeur : 5 p. 11 lig.

On a de ce morceau de premières épreuves avant l'ouvrage des roulettes.

38. Portrait de Daniel Tschida, marchand à Vienne, en buste, vu de profil et dirigé vers la gauche. Dans un ovale. DANIEL

TSCHIDA. *Für defsen Freunde gestochen von seinem ergebensten Freunde A. Bartsch.*

Hauteur : 8 p. 9 lig. — Largeur : 5 p, 11 lig.

3y. Portrait de Josephine Tschida, épouse du précédent. Elle est en buste, vue de profil et dirigée vers la droite. Dans un ovale. IOSEPHA TSCHIDA, *Für derselben Freunde gestochen von ihrem ergebensten Freunde A. Bartsch.*

Même dimension.

Ces deux planches privées n'ont jamais été mises en vente.

1790.

4o. Petite planche avec divers griffonne-mens gravés à l'eau - forte d'une pointe très délicate. On remarque parmi différens objets le buste d'un vieillard à longue barbe, celui d'un jeune homme avec une tresse de cheveux, et la statue d'un guer-rier nud ayant un casque sur la tête et une lance à la main gauche. Cette pièce est très rare. La planche n'en existe plus.

Largeur : 3 p. 2 lig. — Hauteur : 2 p. 8 lig.

41. Portrait d'un colonel d'Arnautes, au ser-vice de la Porte Ottomanne, qui en 1788

B

est passé de la ville de Chotym avec cinquante hommes du côté de l'armée de l'empereur de Russie. Dessiné d'après nature par le dessinateur du prince Potemkin. *Abbildung eines Türkischen Arnauten-Obrist; welcher — — — übergegangen ist. — Nach der Natur gezeichnet von dem Zeichner des Herrn Feldmarschall Potemkin.*

Hauteur : 10 p. 6 lig. — Largeur : 6 p. 10 lig.

On a de ce morceau deux épreuves.

Dans les premières les étoffes de l'habillement sont laissées en blanc. Ces premières épreuves ont été destinées pour être lavées à l'aquarelle.

Dans les secondes les étoffes sont généralement couvertes de traits de pointe sèche.

1793.

42. Portrait de Chrétien Brand, professeur de paysages à l'Académie Imp. et Royl. de Vienne, à mi-corps, vu presque de profil et dirigé vers la gauche. Dans un ovale. *Dessiné et gravé par Adam Bartsch. —* CHRÉTIEN BRAND, *Membre, Conseiller et Professeur de l'académie des beaux Arts de Vienne.*

Hauteur : 10 p. — Largeur : 7 p. 4 lig.

On a de ce morceau quelques épreuves avant la

lettre. Elles sont marquées au bas de l'ovale du nom de l'artiste : *A. Bartsch fecit.* Ces mots gravés à la pointe sèche ont été effacés depuis dans les épreuves avec la lettre.

1794.

43. Portrait de Jean, baron de Knesevich, lieutenant colonel au service de l'empereur, à mi-corps, vu presque de profil et dirigé vers la gauche. Dans un ovale. *Dessiné et gravé par A. Bartsch.* 1794. — JEAN BARON DE KNESEVICH, *Colonel commandant le Corps-franc imp. et roy. de Wurmser.*

Hauteur: 11 p. 3 lig. — Largeur: 8 p. 5 lig.

On a de ce morceau quelques épreuves avant la lettre.

1795.

44. Le retour de l'enfant prodigue. Dans le goût de *Rembrandt.* On lit au milieu du côté gauche sur le caisson de fleurs : *Bartsch fecit* 1795.

Largeur : 5 p. 10 lig. — Hauteur: 5 p. 3 lig.

On a de ce morceau deux épreuves.

La première est à l'eau-forte seule. On y remarque à droite un mur délabré, au delà duquel on voit une fenêtre avec une treille de fer et quelques arbrisseaux.

B 2

La seconde est celle que nous avons détaillée, c'est-à-dire, où ce mur délabré, cette fenêtre, et ces arbrisseaux ont été dans la suite supprimés et remplacés par un bâtiment qui laisse la vue d'un ciel, et au bas duquel s'élève des broussailles.

Epreuve d'essai tirée de la planche lorsqu'elle étoit encore plus large. Sur cette épreuve se voit la pièce détaillée au Nro. 45 que l'on a ensuite ôtée.

Elle a 9 p. 2 lig. de largeur.

45. Groupe de quatre figures orientales. Dans le goût *de Rembrandt*. Pièce marquée à la droite d'en bas: *A. Bartsch f.* 1795.

Hauteur : 5 p. 3 lig. — Largeur : 3 p. 5 lig.

46. Un petit chien-loup déchirant un morceau de papier. Pièce marquée à la droite d'en bas: *A. Bartsch f.*

Hauteur : 6 p. 6 lig. — Largeur : 4 p. 10 lig.

On a deux épreuves de cette estampe.

La première a en bas une haute marge destinée à une inscription. Cette épreuve porte 9 p. 3 lig de hauteur, la marge y comprise.

La seconde est celle que nous avons détaillée, c'est-à-dire, où la marge d'en bas a été diminuée.

47—49. Trois planches pour la description

de l'Orphique *), instrument de musique inventé par C. L. Röllig, savoir:

47) L'Orphique vue par sa surface et par son profil. On lit en haut: *Orphica*, vers la droite d'en bas: *Profil*, et hors du bord de ce même côté est le chiffre: *A B. sc.*

> Largeur: 8 p. 2 lig. — Hauteur: 6 p. 1 lig.

48) Une jeune femme assise touchant l'orphique des deux mains. Ce morceau est gravé avec quelques changemens sur une estampe faite par *F. Bartolozzi* d'après *Richard Cosway*. Pièce marquée à la droite d'en bas: *A B. sc.*, et à la droite d'en haut: *P. 14.*

> Hauteur: 6 p. 1 lig. — Largeur: 4 p.

49) Un homme debout touchant l'orphique d'une seule main. Pièce marquée à la droite d'en bas: *A B f.*, et à la droite d'en haut: *P. 16.*

> Même dimension.

---

*) *Orphica, musikalisches Instrument von Ch. Leopold Röllig. M. K. 8. Wien (Sommer, Leipzik). 1795.*

50. Tête d'un vieillard à grande barbe, vue de trois quarts et dirigée vers la gauche. Pièce marquée à la gauche d'en bas : *A Bh* 1796.

Hauteur : 2 p. 11 lig. — Largeur : 2 p. 7 lig.

51. Un paysan vu par le dos, priant Dieu un genou en terre. Pièce marquée à la droite d'en haut : *A. Bartsch f.* 1796.

Hauteur : 3 p. 6 lig. — Largeur : 2 p. 11 lig.

52. Un cheval de charrue vu de profil et dirigé vers la gauche. Pièce marquée à la droite d'en haut : *A. Bartsch f.* 1796.

Largeur : 3 p. 6 lig. — Hauteur : 2 p. 11 lig.

Epreuve d'essai tirée de la planche lorsqu'elle étoit encore plus large. Sur cette épreuve se voient les pièces détaillées au Nro. 50 et 51, que l'on a ensuite ôtées.

Cette épreuve porte 4 p. 9 lig. de largeur.

53. Femme trayant une vache. D'après un griffonnement d'*A. Cuyp*. On lit à la gauche d'en haut : *Cuyp.*, et à la droite d'en bas : *A Bch fecit.*

Hauteur : 3 p. 10 lig. — Largeur : 2 p. 8 lig.

54. Le sultan Muhamed II. ornant le poëte Nedschatin d'une aigrette de héron à cause

de sa force au jeu d'échecs. On lit en bas,
à gauche : *Mailliar inv.*, à droite : *A. Bartsch
sc.*, et au milieu : *Wie es Nedschatin glückte
von Muhammed II. gelesen zu werden.* Frontispice de livre pour une traduction des
poésies de Nedschatin par Mr de Chabert.
Cette estampe est difficile à trouver, la
planche s'étant égarée après qu'on n'en
avoit tirée qu'une couple d'épreuves.

Hauteur : 7 p. 3 lig. — Largeur : 5 p. 2 lig

Epreuve d'essai avant l'inscription : *Wie es Nedschatin glückte etc.*

55. Xénorphique, instrument de musique
nouvellement inventé par Ch. Léopold
Röllig. Gravé au trait et destiné à être
lavé à l'aquarelle. On lit en bas : *Xenorphica.*
Cette estampe est difficile à trouver.

Hauteur : 11 p. 6 lig. — Largeur : 8 p. 2 lig.

Epreuve d'essai avant le mot *Xenorphica.*

1797.

56. Un cavalier traversant un bois pendant
la nuit, et se faisant éclairer par un garçon qui porte une lanterne. Pièce marquée a la droite d'en bas : *A. Bartsch f.*

Hauteur : 7 p. 8 lig. — Largeur : 5 p.

Épreuve chargée de manière noire, dans le goût des pièces de nuit de *Rembrandt*. Mr. de Bartsch ayant découvert le secret de Rembrandt, qui consiste à couvrir des estampes semblables d'ombres fortes, sans apprêter la planche avec le fer dentelé (berceau) dont se servent les graveurs à la manière noire, a fait cette planche pour donner une preuve de sa découverte dans la nouvelle édition du catalogue de Rembrandt de l'an 1797, où l'auteur parle plus en détail de ce procédé. Voyez page XXXVIII du dit catalogue de Rembrandt. Les épreuves chargées de noir n'ont été faites qu'en petit nombre et sont par conséquent très rares.

Épreuve d'essai avant la lettre et avec une marge de 9 p, 4 lig. de hauteur.

1799.

57. Un sans-culotte français tenant le globe de la terre des deux mains et le portant vers la bouche pour le dévorer. Gravé pour être mis à la tête d'une traduction allemande d'un ouvrage français intitulé: *Cassandre* *). On lit en bas: *Wir werden die*

---

*) *Cassandra*, oder einige Betrachtungen über die *französische Revolution*, a. d. Fr. 8. Cairo. (*Degen*, *Wien*) 1799.

Welt freſſen und die Könige werden ſchweigen.
Plusieurs autres inscriptions se trouvent
dans l'estampe même.

Hauteur: 5 p. 10 lig. — Largeur: 3 p. 10 lig.

58. Jeune homme nud couvert d'un manteau
et tenant un bâton à la main, et à côté
une jeune femme ayant le bras gauche
élevé. D'après des *peintures des bains de*
Titus. Ces deux figures entourées d'une
bordure ont été destinées pour servir d'en-
veloppe au catalogue des livres du fond
de Mʳ V. de Degen à Vienne. Entre les
deux sujets le long de leur bord est écrit:
Degen, Catalogue.

Largeur: 9 p. 5 lig. — Hauteur: 7 p. 9 lig.

Epreuve d'essai avant les mots : *Degen, Catalogue.*

1804.

59. Un tableau surmonté de la lyre d'Apollon, d'où pendent des festons de fleurs,
et qui est environnée de rayons et de nues.
Frontispice pour les portefeuilles de desseins de la collection de Son Altesse Royale,
Msgr. le Duc de Saxe - Teschen. D'après

un dessein de *Mr. le Favre*, garde des desseins de Son Altesse.

Hauteur : 14 p. 1 lig. — Largeur : 10 p.

60. Une bordure au bas de laquelle on voit
un piédestal surmonté d'un médaillon mé-
nagé au milieu de deux aigles, et d'un
vase orné de riche sculpture. Le médaillon présente un génie ailé qui écrit les
mots: *Quo vota trahunt.* Sur le piédestal on lit: AUSPICIIS. FELICIBUS. —
PERFECIT. AN. MDCCLXXVI. Pièce marquée
à la droite d'en bas : *A. Bartsch fecit.* Titre
pour la collection d'estampes de Son Altesse Royale , Msgr. le Duc de Saxe-
Teschen.

Hauteur : 22 p. 11 lig. — Largeur : 15 p. 5 lig.

On a de ce morceau de premières épreuves avant
le titre, avant les mots: *Quo vota trahunt*,
et avant le nom d'*A. Bartsch.*

1810.

61. Pallas debout près d'un taureau. Dessiné
et gravé d'après une pierre antique qui
appartient à Mde. la Comtesse de Harrach,
née Princesse de Lichtenstein. Pièce mar-

quée au milieu d'en bas : *Ex antiquo.* *A.*
Bartsch f.

Hauteur : 4 p. 4 lig. — Largeur : 3 p. 5 lig.

On a de ce morceau quelques épreuves avant la
lettre.

1813.

62. St. Jean Baptiste dans le désert. En bas
est écrit en lettres très légèrement tracées :
Dessiné par A. de Bartsch, et gravé sur étain
le 27. de Mars 1813.

Hauteur : 7 p. — Largeur : 4 p.

1814.

63. Frontispice pour la collection d'estampes du Chev. H. X. de Hauer. Parmi nombre
d'objets qui font allusion aux inclinations
et occupations de M.r de Hauer, on remarque aussi son écusson d'armes appuyé
contre une colonne. Pièce marquée à la
gauche d'en bas : *A. Bartsch sc.* 1814.

Hauteur : 10 p. 9 lig. — Largeur : 8 p. 4 lig.

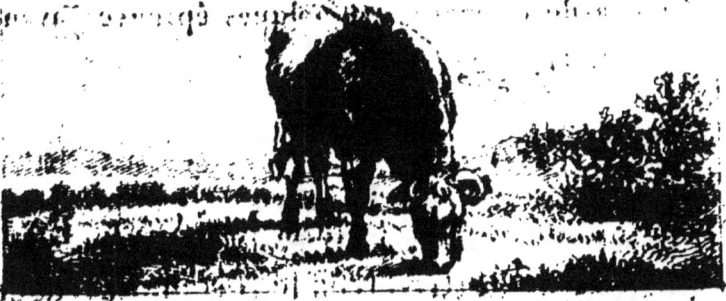

II. PIECES GRAVÉES D'APRÈS DES DESSEINS DE DIFFÉRENS MAÎTRES.

PAR ORDRE ALPHABÉTIQUE.

A. Maîtres allemands, flamands hollandois et françois.

JOSEPH ABEL.

64. Portrait de Martin de Molitor, à mi-corps et vu de trois quarts. Dans un ovale. — *Jos. Abel pinx.* 1810. — *A. Bartsch. sc.* 1812. — **MARTIN VON MOLITOR.** *Landschaft-maler, Mitglied der K. K. Academie der bildenden Künste in Wien.* — *Geboren den* 20.

Februar 1759. — *Gestorben den* 16. *April* 1812.
Nürnberg bey J. F. Frauenholz et C°.

Hauteur : 11 p. 6 lig. — Largeur : 8 p. 5 lig.

On a de ce morceau trois sortes d'épreuves.

La première est avant la lettre, tirée de la planche avant qu'elle ait été diminuée.

Cette épreuve a 12 p. de hauteur sur 8 p. 9 lig. de largeur.

La seconde est avec la lettre non remplie, et avant l'adresse de *J. F. Frauenholz.*

La troisième est avec la lettre remplie, c'est-à-dire celle que nous avons détaillée.

JACQUES DE BACKER.

65. Portrait de Jacques de Backer, à mi-corps, vu de face et ayant la tête appuyée sur sa main gauche. — *Jacobus de Backer.* — *Se ipsum del:* — *A. Bartsch sc.*

Hauteur : 7 p. 3 lig. — Largeur : 5 p. 11 lig.

On a de ce morceau quelques épreuves avant la lettre.

THÉODORE VAN BERGEN.

Un taureau et une vache qui s'abreuvent dans un ruisseau. Voyez: *A. van de Velde.* Nro. 248.

NICOLAS BERGHEM.

66. Trois bœufs sautant gaiement dans un ruisseau. — Les Bœufs en Goguettes. — N. Berchem pinxit. — A. Bartsch sculpst. 1808. — Tiré du Cabinet de Mr. Hoppé, à Vienne. — A. Mannheim, chez Dom: Artaria.

Largeur: 14 p. 9 lig. — Hauteur: 10 p. 10 lig.

On a de ce morceau trois sortes d'épreuves.

La première est avant la lettre.

La seconde porte en lettres non remplies les noms suivans: *Nic. Berchem pinx.* — *A. Bartsch sc. 1808.*

La troisième est celle que nous avons détaillée.

Épreuve d'essai, où la partie du rocher à la droite d'en haut est plus fortement exprimée que dans les épreuves postérieures, dans lesquelles le ton de cette partie a été adouci.

Une tête de bouc. Voyez: *P. Potter.* Nro. 170.

STANDART VAN BLOEMEN.

67. Groupe de cinq chevaux de trait rassemblés devant une mangeoire. On remarque dans le fond à droite deux autres chevaux et quelques chariots. *St. van Bloe-*

men del. — A. Bartsch sc. — A Vienne, au Bureau des Arts et d'Industrie 1803.

Largeur : 11 p. 6 lig. — Hauteur : 8 p.

On a de ce morceau quelques épreuves avant la lettre.

Une vache debout, vue de face et ayant la tête baissée pour brouter. Voyez : *J. H. Roos.* Nro. 223.

Deux chevaux de charrue harnachés, vus de profil et attachés à une espèce de haie. Voyez : *A. van de Velde.* Nro. 249.

FERDINAND BOL.

68. Portrait de Ferdinand Bol, à mi-corps, vu de face, regardant par une fenêtre et ayant les mains posées sur un coussin. Il a la tête couverte d'un bonnet orné d'une plume. — *Ferdinand Bol.* — *Se ipsum del.* — *A. Bartsch so.*

Hauteur : 6 p. 11 lig. — Largeur : 5 p. 4 lig.

On a de ce morceau quelques épreuves avant la lettre.

CHRÉTIEN BRAND.

69—76. Différentes études de paysages. Suite de huit pièces.

69). Un arbre rabougri peu feuillu sur une butte de terre. — *Christ : Brand Prof. del :* — *A. Bartsch sc :* 1786.

Hauteur : 10 p. — Largeur : 7 p. 10 lig.

70). Un arbre souple chichement feuillu. — *C : Brand Prof. del :* — *A : Bartsch sc :* 1786.

Même dimension.

71). Du jonc, des pierres et quelques arbrisseaux baignés par l'eau d'un ruisseau, sur lequel on remarque deux canards. — *Chr : Brand Prof : delin :* — *Adam Bartsch sc :* 1786.

Largeur : 10 p. 5 lig. — Hauteur : 6 p. 6 lig.

72). Un homme marchant près d'un bouquet d'arbres plantés sur un terrain baigné par une rivière, au delà de laquelle le lointain à gauche présente une tour ronde environnée d'arbres et de buissons. — *Christ : Brand Prof. del :* — *A : Bartsch sc.* 1786.

Même dimension.

73). Village situé au bord d'une rivière. Sur le devant à gauche un voyageur assis par terre, et auprès de lui deux pe-

tits garçons. — *Christ: Prand Prof: del:*
— *A: Bartsch sc:* 1786.

Largeur : 13 p. 9 lig. — Hauteur : 8 p. 3 lig.

74). Autre sujet semblable. Sur le devant
à gauche une femme accompagnée d'une
petite fille et d'un chien. — *Christian :
Brand Prof: del : — A : Bartsch sculp :*
1786.

Même dimension.

75). Une maison délabrée, composée de
plusieurs corps de logis. Vers le milieu
du devant un villageois travaille à des
bûches. Quelques autres figures animent
ce paysage à gauche et à droite. — *Jo :
Christian : Brand Prof. delin : — Adam
Bartsch sc:* 1786.

Largeur : 16 p. 9 lig. — Hauteur : 10 p. 4 lig.

Epreuve d'essai tirée de la planche , avant qu'elle
ait été diminuée, et avant que la bordure ait
été rétrécie.

Cette épreuve a 18 p. de largeur sur 11 p. 9 lig. de
hauteur.

76). Une chaumière. Sur le devant à
gauche marche un homme à côté d'une
femme qui conduit un enfant par la

C

main. — *Jo: Christ: Brand Professor inv.*
1783. — *Adam Bartsch sc.'. 1786.*

Largeur: 16 p. 4 lig. — Hauteur: 10 p. 2 lig.

Epreuve d'essai avec le même changement dont
on a parlé à la pièce précédente.

Elle a 17 p. 5 lig. de largeur sur 12 p. 5 lig. de hauteur.

ADRIEN BROUWER.

77. Jeune paysan à mi-corps, riant d'u   .ir
niais. Il tient de la main droite une cruche
et de l'autre une pipe. Dans le goût d'un
dessein à la pierre noire. — *Adrien Brouwer del. — Ex Coll. Princ. Car. de Ligne. —
A. Bartsch sc.* 1788.

Hauteur: 12 p. 6 lig. — Largeur: 8 p. 10 lig.

On a de ce morceau quelques épreuves avant la
lettre.

78. Paysan assis, tenant de la main gauche
une cruche et faisant de l'autre un geste.
— *Adr. Brouwer inv.* — *Ex Coll. Princ. Car.
de Ligne.* — *A. Bartsch sc.* 1789.

Hauteur: 10 p. 5 lig. — Largeur: 7 p. 10 lig.

On a de ce morceau quelques épreuves avant la
lettre.

GUILLAUME COURTOIS.

79. Le martyre de St. André. — *Guilelmus Courtois inv.* — *Ex Coll. Princ. Car. de Ligne. A. Bartsch sc.* 1790.

> Hauteur: 14 p. 4 lig. — Largeur: 9 p. 8 lig.

JACQUES COURTOIS, dit BOURGUIGNON.

80. Un guerrier arrêtant le cheval d'un cavalier qui lui porte un coup de sabre. Dans un ovale. *Courtois dit Bourguignon delt.* — *A. Bartsch sculpt.*

> Hauteur: 8 p. — Largeur: 6 p. 8 lig.
>
> On a de ce morceau quatre sortes d'épreuves.
>
> La première est avant la lettre et au fond blanc. Cette épreuve est extrêmement rare.
>
> La seconde est avant la lettre et avec un fond qui représente un château ruiné par le feu.
>
> La troisième porte en bas l'inscription suivante : *Adam Bartsch. Pour souhaiter la bonne année.* 1800.
>
> La quatrième est celle que l'on a détaillée.

C. G. F. DIETRICH.

81. Le grand - prêtre ayant sur ses bras l'enfant Jésus présenté par la Ste. Vierge

et St. Joseph en présence de plusieurs
prêtres et d'autres hommes et femmes. --
PRÉSENTATION AU TEMPLE. — *C. W. F. Die-*
trich inv. — A. Bartsch fecit aqua forti. — Le
Dessein original se trouve dans la Collection
de Son A. R. Le Duc de Saxe - Teschen. A.
Vienne chez F. X. Stöckl. *)

Largeur: 12 p. 11 lig. — Hauteur: 10 p. 1 lig.

On a de ce morceau quelques épreuves avant la
lettre, sur lesquelles on lit en lettres gravées
à l'eau - forte : *Dietricy del. — A. Bartsch sc.*,
noms effacés dans les épreuves postérieures
avec la lettre.

82. Jésus Christ mis au tombeau par les disciples. — *Dietrich inv. — A. Bartsch sc.*
1807.

Hauteur: 8 p. 3 lig. — Largeur: 6 p. 3 lig.

83. St. Philippe baptisant l'Eunuque.—*Diet-*
ricy inv. — A. Bartsch del. et sc: 1804. Ces
noms sont écrits en lettres gravées à l'eau-

---

*) Mr. de Bartsch en gravant ce dessein ainsi que
beaucoup d'autres qui composent son oeuvre, a d'autant plus de mérite, qu'il n'a eu devant lui qu'un
croquis ou première idée, et que c'est de ces simples in-
dices qu'il a fait un dessein terminé d'un brillant effet.

forte. — ST. PHILIPPE BAPTISANT L'EU-
NUQUE DE LA REINE DE CANDACE. — *Le
dessein original se trouve dans la Collection de
S. A. R. Msgr. Le Duc de Saxe-Teschen. —
Se vend à Nuremberg, chés Jean Frédéric
Frauenholz et C°.* 1805.

Largeur : 12 p. 5 lig. — Hauteur : 9 p. 10 lig.

On a de ce morceau trois sortes d'épreuves.

La première est avant la lettre et ne porte que
les noms suivans gravés à l'eau-forte: *Dietricy
inv. — A. Bartsch del. et scı* 1804.

La seconde est avec la lettre non remplie.

La troisième est avec la lettre remplie, c'est-à-
dire celle que nous avons détaillée.

84. Un jeune garçon ayant le chapeau sous
le bras, et portant un grand pain de ses
deux mains. Dans cette épreuve une partie du bas de la bordure est effacée.

Hauteur : 9 p. 5 lig. — Largeur : 7 p. 1 lig.

On a de ce morceau trois sortes d'épreuves *).

---

*) On conserve dans la collection de Son Altesse Royale
Msgr. le Duc de Saxe-Teschen une épreuve singulière
et peut-être unique de cette estampe. Le garçon a la
tête couverte d'un chapeau rond orné d'une plume. Ce
chapeau a été effacé dans la suite et mis sous le bras
gauche de l'enfant.

La première est avant la lettre. Cette épreuve
est très rare.

La seconde porte en bas cette inscription : *Zum
neuen Jahr. Von Adam Bartsch.*

La troisième est celle que l'on a détaillée.

85. Jeune femme à mi-corps, portant un
panier rempli de fleurs dont elle en tient
une de la main droite élevée. — *Dietrich
inv.* — *Ex Coll. Princ. Car. de Ligne.* — *A.
Bartsch sc.*

Hauteur : 7 p. 9 lig. — Largeur : 5 p. 3 lig.

86. Études de sept différentes têtes plus ou
moins terminées sur une même planche.
Dietrich inv: — *Ex Collect: Princ. Cur. de
Ligne.* — *A. Bartsch sc.*

Largeur: 7 p. 6 lig. — Hauteur: 6 p. 7 lig.

87. Paysage montagneux. — *Dietrich inv.* —
Ex Coll. Princ. Car. de Ligne. — *A. Bartsch sc.*

Largeur: 7 p. 11 lig. — Hauteur: 7 p.

Les épreuves de cette pièce et des deux précédentes sont très rares, en ce que les planches
se sont égarées après qu'on n'en avoit tiré
qu'un très petit nombre d'épreuves de chacune.

JACQUES VAN DER DOES LE PERE.

Un groupe de cinq moutons. Voyez
Paul Potter, Nr. 168.

J. DORFMEISTER.

88. Portrait de Joseph Musso, chef de brigands à Gênes, condamné à mort en 1804. A mi-corps. — *Joseph Musso dit le grand Diablo, chef de Brigands, au moment où on le conduit au suplice à Gênes.* — *In Vienna presso Artaria e Comp.* Cette même inscription s'y trouve en italien et en allemand.

Largeur : 9 p. 10 lig. — Hauteur : 8 p. 2 lig.

On a de ce morceau quelques épreuves avant la lettre.

JEAN LE DUCQ.

Le chien debout devant celui qui dort. Voyez *Paul Potter.* Nr. 160.

ALBERT DURER.

89—94. Différentes estampes. Suite de six pièces numérotées au bas de la planche.

89). 1. Cavalier allemand du quinzième siècle. Outre le monogramme ordinaire d'A. Durer et l'année 1498, on y lit en ancien allemand : Dz ift di ruftung

ʒů ber ʒeit in tewʒſchlaut geweſt ; c'est -
à - dire : *Voilà l'armure de ce temps en
Allemagne.* Le paysage est inventé et
gravé par le professeur *Chrétien Brand.*
Ce morceau est, suivant toute appa-
rence, la première idée de l'estampe
connue sous le nom du *cheval de la mort*
qui est une des plus belles pièces parmi
les productions de ce maître. — *Cavalier
Allemand du XVe. Siècle. — Albert Durer
inv: — Le paysage est inventé et gravé
par le Prof: Chrétien Brand. — A. Bartsch
sc: 1785. Mense Majl.*

Hauteur : 17 p. 3 lig. — Largeur : 12 p. 8 lig.

Epreuve d'essai tirée de la planche, avant que le
bout de la lance ait été terminé, et avant les
inscriptions : *Cavalier Allemand du XVe. Siècle,*
et : *Le paysage est inventé etc.*

Epreuve d'essai antérieure avant le paysage.

90.) 2. Portrait d'André Durer, frère
d'Albert Durer. On y trouve marqué le
monogramme d'A. Durer, l'année 1514,
et l'inscription suivante : Alſo waß endreß
Durer gſtalt, do er treyßig ʒar alt ward
ʒalt ; c'est - à - dire : *Telle étoit la physio-*

nomie d'André Durer, lorsqu'il comptoit trente ans. — *Albert Durer del:* — *Adam Bartsch sc:* 1785. Dans le goùt d'un dessein ombré à la plume.

Hauteur: 14 p. 1 lig. — Largeur: 11 p.

91). 3. Portrait de Michel Wohlgemuth, peintre de Nuremberg et maître d'A. Durer. — *Michel Wohlgemuth, Maître d'Albert Durer.* — *Albert Durer del:* — *A. Bartsch se:* 1785. — Dans le goùt d'un dessein fait à la pierre noire, sur papier gris et rehaussé de blanc.

Hauteur: 14 p. 5 lig. — Largeur: 10 p. 5 lig.

Epreuve d'essai avant l'inscription: *Michel Wohlgemuth, Maître d'Albert Durer.*

92). 4. Etude de St. Pierre supposé se chauffant les mains près de la cheminée du prétoire. — *Alb: Durer del:* — *A: Bartsch se:* 1785. — Dans le goùt d'un dessein lavé de bistre, sur papier de couleur et rehaussé de blanc.

Hauteur: 9 p. 7 lig. — Largeur: 9 p. 3 lig.

Epreuve d'essai tirée de la planche sur laquelle est gravée la figure. On remarque vers la droite d'en haut trois taches noires faites exprès pen-

dant l'opération de l'eau-forte pour en recon-
noître les succés progressifs.

93). 5. Adam et Eve mangeant du fruit
défendu. Le monogramme d'A. Durer
et l'année 1510 se voient sur le tronc
de l'arbre de vie. — *Albert Durer del :* —
A : Bartsch sc : 1786. Dans le goùt d'un
dessein fait à la plume.

Hauteur : 13 p. 10 lig. — Largeur : 10 p. 9 lig.

94). 6. Portrait de Claüs (Nicolas), bouffon à la cour de Saxe. Le monogramme
d'A. Durer et l'année 1521 sont marqués au haut de la planche. *Portrait
de Claus Bouffon à la Cour elect. de Saxe.*
— *Albert Durer del :* — *A Bartsch sc.*
1782. — Dans la manière de la pièce
précédente.

Hauteur : 6 p. 8 lig. — Largeur : 5 p. 7 lig.

ANTOINE VAN-DYCK.

95. Buste d'un vieillard, vu de face et vêtu
de noir. — *Van Dyk p.* — *A.B. sculps.*
Gravé en 1783.

Hauteur : 3 p. 7 lig. — Largeur : 2 p. 6 lig.

Epreuve d'essai. Elle est généralement moins travaillée, et l'ombre du fond est bombée à la droite d'en haut, tandisque dans l'épreuve ordinaire cette ombre est déterminée par des lignes réglées.

Epreuve d'essai antérieure au fond blanc.

96. Portrait de Jean Livens, à mi-corps, vu de trois quarts et dirigé vers la gauche. La tête est gravée d'après une estampe faite par *Van-Dyck.* — LIVENS. — *A. Bartsch f.* — Cette estampe est à la tête de la seconde partie du catalogue de Rembrandt, nouvelle édition faite à Vienne par A. Bartsch en 1797. Les bonnes épreuves sont très rares.

Hauteur: 6 p. 5 lig. — Largeur: 4 p. 1 lig.

Epreuve d'essai avant le mot: LIVENS.

GERBRAND VAN DEN EKHOUT.

97. Repos en Egypte. La Ste. Vierge dort assise sur une butte et ayant l'enfant Jésus dans son giron. St. Joseph menace l'âne qui brait. — *G. van den Ekhout inv.* — *A. Bartsch sc.*

Largeur: 8 p. 5 lig. — Hauteur: 7 p. 2 lig.

Epreuve d'essai avant que la planche ait été cou-
pée à gauche.

Cette épreuve qui est moins travaillée en toutes ses parties a 10 p. 3 lig. de largeur.

98. Le même sujet traité d'une manière dif-
férente. La Ste. Vierge est assise par terre
près d'une butte, ayant l'enfant Jésus entre
ses bras, à qui elle donne le sein. St. Joseph est occupé à dépaqueter l'âne qui
broute des chardons. — *Gerbrand van den
Ekhout del.* — *A. Bartsch sc.* — *A Vienne,
au Bureau des Arts et d'Industrie* 1803.

Largeur : 9 p. 6 lig. — Hauteur : 9 p. 4 lig.

On a de ce morceau quelques épreuves avant la
lettre.

RAYMOND LA FAGE.

99—106. Différentes estampes. Suite de huit
pièces numérotées au bas de la planche et
marquées : *Le Dessein original se trouve à
la Bibliothèque I. et R. de Vienne*, à l'exception de Nr. 106.

99). 1. La naissance d'Adonis. Pièce en
forme d'éventail. — *Raymond La Fage
del :* — *A. Bartsch sc :* 1783. — Dans le

goût d'un dessein à la plume lavé d'Indigo.

Largeur : 19 p. 3 lig. — Hauteur : 11 p. 8 lig.

Epreuve d'essai moins travaillée, avant le lavis dans les deux coins à droite et à gauche, et dans le demi - cercle au milieu d'en bas.

100). 2. Ste. Famille. La Ste. Vierge assise par terre ayant l'enfant Jésus sur ses genoux. Elle est entourée de St. Joseph, de St. Zaccharie et de Ste. Elisabeth. — *R. La Fage del*: — *A Bartsch sc*: 1783. — Dans le goût d'un dessein à la plume lavé de bistre.

Largeur : 14 p. 9 lig. — Hauteur : 11 p. 3 lig.

101). 3. Le martyre de St. Erasme. — *Raymond La Fage del*: — *A . Bartsch sc.* 1783. — Au trait seul.

Largeur : 15 p. 8 lig. — Hauteur : 11 p. 8 lig.

102). 4. Le martyre de St. Pierre. — *Raymond La Fage inv.* — *A . Bartsch sculp*. 1783. — Gravé au trait, et les ombres ajoutées à la pointe sèche.

Largeur : 11 p. 7 lig. — Hauteur : 10 p.

Epreuve d'essai au trait seul, et avant l'inscription : *Le Dessein original se trouve etc*.

103). 5. Jésus Christ dans ! désert servi par les anges. On lit à la droite d'en bas sur un écriteau : *R. Lafage in. fc.*, et sur la bordure : *Raimond La Fage inv.* — *A. Bartsch sculp.* 1783. — Gravé dans la manière de la pièce précédente.

Largeur : 11 p. 7 lig. — Hauteur : 8 p. 8 lig.

104). 6. Les trois Maries visitant le St. Sépulcre. On lit à la droite d'en bas sur un écriteau : *R. Lafage in fce.*, et sur la bordure : *R. La Fage inv :* — *A. Burtsch sc :* 1783. — Gravé dans la manière des pièces précédentes.

Largeur : 11 p. 8 lig. — Hauteur : 8 p. 9 lig.

105). 7. Une Ste. Famille. La Ste. Vierge soutenant l'enfant Jésus debout devant elle, à qui Ste. Anne semble adresser la parole. — *R. La Fage. inv :* — *A :* *Bartsch sc :* 1783.

Hauteur : 8 p. 6 lig. — Largeur : 7 p. 6 lig.

106). 8. Samson saisi par les Philistins. *Raymond La Fage del :* — *A. Bartsch sculp.* 1782. — Dans le goùt d'une esquisse ébauchée à la plume.

Largeur : 13 p. 10 lig. — Hauteur : 9 p. 4 lig.

*) 106). 9. Repos en Egypte. La Ste. Vierge assise ayant auprès d'elle le petit Jésus à qui le petit St. Jean présente du fruit. On remarque St. Joseph vers le fond près de deux colonnes. — *R. La Fage inv: et del:* — *Ios. Helwig sc:* *) — Dans le goùt d'un dessein à la plume.

Largeur: 11 p. 2 lig. — Hauteur: 9 p. 10 lig.

107. Dieu le père porté en l'air par des anges. — *R. La Fage del.* — *Ex Coll. Princ. Car. de Ligne.* — *A. Bartsch sc.* 1789. — Dans le goùt d'un croquis à la plume.

Largeur: 8 p. 2 lig. — Hauteur: 6 p. 1 lig.

On a de ce morceau quelques épreuves avant la lettre.

108. Le triomphe de la religion chrétienne. Pièce allégorique représentant St. Pierre entre deux matrones dont l'une porte la

---

*) Adam de Bartsch à qui Mr. Helwig avoit fait présent de cette planche, d'ailleurs bien gravé, a cru à propos de la recevoir dans ce recueil. Il n'y a ajouté que la bordure. L'auteur de cette estampe fut un homme très instruit et un calligraphe du plus grand mérite. Il a été employé aux archives de la maison de l'empereur, et est mort vers 1790 dans un âge très avancé.

croix de Jésus-Christ, l'autre le modèle
d'une église, et qui marchent d'un pied
ferme par dessus l'hérésie représentée par
un homme terrassé et chargé de fers. —
R. La Fage del. — Ex Coll. Princ. Car. de
Ligne. — A. Bartsch sc. 1790. — Dans le
goût d'un croquis à la plume.

Hauteur : 12 p. 6 lig. — Largeur : 9 p. 4 lig.

109. Groupe d'une femme couchée par terre
entre les genoux d'un homme qui est assis
sur une butte. L'une et l'autre dirigent
leur regard vers une déesse qui paroît
dans les nues. Dans le goût d'un croquis
à la plume.

Hauteur : 7 p. — Largeur : 6 p. 6 lig.

On a de ce morceau deux sortes d'épreuves.
La première porte en bas l'inscription suivante :
A. B*tsch sc: 1781. — D'après le Dessein original de R. La Fage qui se trouve à la Bibliothèque Imp. et Royl: de Vienne.
La seconde est celle que nous avons détaillée,
c'est-à-dire sans l'inscription au bas de l'e-
stampe.

HENRI FÜGER.

110. Uranie représentée per une jeune

femme assise sur des nues, tendant la main gauche vers un cercle garni d'étoiles.

Hauteur: 11 p. 9 lig. — Largeur: 9 p. 5 lig.

111. Études de quelques muses. — *H. Füger inv.*

Largeur: 12 p. 11 lig. — Hauteur: 10 p. 3 lig.

112. Jeune garçon tenant de la main gauche une palette et de l'autre quelques pinceaux. — *H. Füger del: — A. Bartsch sc.* —

Hauteur: 14 p. 6 lig. — Largeur: 10 p. 7 lig.

113. Desscin de la statue de l'empereur Joseph II, faite de porcelaine par *Grassi* sur l'invention de *H. Füger*. L'empereur est vu de face et debout sur un piédestal, sur lequel on remarque un bas - relief avec plusieurs figures, au bas duquel on lit: AD. SVA. VOTA. REDVX. Vers le bas de l'estampe se voient deux autres bas - reliefs dont celui à gauche représente un champ, au milieu duquel est une herse avec l'inscription: EVERTIT. ET AEQVAT, l'autre à droite représente une cicogne avec l'inscription: VIGILANTIA.

Hauteur: 14 p. 3 lig. — Largeur: 9 p. 10 lig.

D

On a de ce morceau de premières épreuves avant
les inscriptions des bas-reliefs qui se voient
aux deux côtés du piédestal.

114. Dessein du bas-relief capital de cette
statue, où est représenté le Génie du dit
empereur, recommandant les peuples de
ce monarque à Astrée qui vient de de-
scendre du ciel.

Hauteur : 14 p. 3 lig. — Largeur : 10 p. 6 lig.

Ces deux planches Nr. 113 et 114 ont
été destinées pour un ouvrage imprimé
qui a pour titre : *Bildsäule Josephs des Zwey-*
ten mit allegorischen Vorstellungen in halb er-
hobener Arbeit verfertigt und aufgestellt in der
k. k. Porzellanfabrick in Wien 1789. *Wien,*
bey Kurzbeck. fol.

115. Le Fatum des anciens étonné de lire
la date et le genre de la mort prématurée
d'un grand prince dans le livre du destin,
où est écrit : ALEX. LEOP. VI. ID. QVINCT.
MDCCLXXXXV. En bas on lit : *H. Füger inv.*
— *A. Bartsch sc.*, et dans la marge une
inscription de trois lignes : EXPAVIT, QUOD
JAM — — — INELUCTABILIS ORDO.

Hauteur : 10 p. — Largeur : 7 p. 10 lig.

Epreuve d'essai avant l'inscription de trois lignes dans la marge d'en bas.

116. La Pannonie assise, dans une attitude qui exprime son affliction à côté de l'urne cinéraire du prince nommé. *H. Füger inv.* — *A. Bartsch sc.*

Largeur : 7 p. 11 lig. — Hauteur : 7 p.

Ces deux pièces ont été gravées sur des esquisses griffonnées à la plume par *H. Füger*, et destinées à orner un ouvrage imprimé, composé par le conseiller aulique Jean Melchior de Birkenstock et ayant pour titre : *Aeternae memoriae Alexandri Leopoldi Archid. Aust. Hungar. Palatini etc. Viennae Austriae typis Thad. Schmidbaueri MDCCLXXXXV. fol.*

117—118. Les deux mêmes pièces gravées une seconde fois de plus petite forme, d'une manière plus terminée, et avec quelques changemens. Elles ont été destinées pour la traduction allemande de l'ouvrage dont on vient de faire mention et qui a pour titre: *Versuch einer Uebersetzung der in Wien unlängst in lateinischer Sprache erschienenen Denkschrift auf des Erz-*

herzbgs Alexander Leopolds, Palatins von Hungarn, Königliche Hohheit. Wien, bey Joseph Hraschanzky, 4to. 1796.

117). Dans la première pièce représentant le Fatum, on lit en bas : *H. Füger del. — A. Bartsch sc.*, mais l'inscription de trois lignes de Nr. 115. y est omise.

Largeur : 4 p. 10 lig. — Hauteur : 4 p. 3 lig.

118). Dans la seconde représentant la Pannonie, l'urne cinéraire a deux anses et est vue de face. On remarque au delà un saule pleureur. — *H. Füger del. — A. Bartsch. sc.*

Largeur : 4 p. 10 lig. — Hauteur : 4 p. 8 lig.

Epreuve d'essai, où les deux vignettes Nr. 117 et 118 se trouvent gravées l'une au-dessus de l'autre.

Cette épreuve a 8 p. 9 lig. de hauteur.

Epreuve d'essai antérieure, moins travaillée dans toutes ses parties, avant les inscriptions : ALEX. LEOP. VI. ID. QVINCT. MDCCLXXXXV, et avant le mot : PANNONIA écrit sur la bannière.

119. Un héraut de la couronne de Hongrie annonçant l'ordre de l'insurrection générale, en faisant marcher devant lui un

homme qui porte un grand sabre dégout-
tant de sang.

Hauteur: 5 p. 9 lig. — Largeur : 4 p. 9 lig.

120. Le Génie de la Pannonie en l'air exhor-
tant un cavalier hongrois à combattre
contre l'ennemi. Celui-ci lève son sabre,
et semble jurer de verser la dernière goutte
de son sang.

Hauteur : 5 p. — Largeur : 4 p. 9 lig.

Epreuve d'essai à l'eau-forte seule, où les deux
vignettes Nr. 119 et 120 se trouvent l'une au-
dessus de l'autre.

Cette épreuve a 10 p. 9 lig. de hauteur.

Ces deux pièces ont été destinées à
orner un ouvrage imprimé, composé par Mr.
le conseiller de Birkenstock et ayant pour
titre: *Ad Hungaros Hungarus. MDCCXCVI.
Ex typographia viduae Alberti.* 4to

JACQUES JORDANS.

121. Un enfant assis dans un lit jouant du
flageolet et ayant auprès de lui un agneau
dont on ne voit que la tête. — *J. Jordans
inv.* — *Ex Coll. Princ. Car. de Ligne.* — *A.
Bartsch sc.* 1789.

Hauteur : 12 p. 4 lig. — Largeur : 9 p. 11 lig.

On a de ce morceau quelques épreuves avant la
lettre.

122. Un garçon entrant par la porte d'une
chambre et conduisant un grand chien.
Il est suivi d'une fille de paysan qui porte
un panier.

> Hauteur: 9 p. 1 lig., la marge y comprise. — Largeur :
> 5 p. 7 lig.

On a de ce morceau trois sortes d'épreuves.

La première est avant la lettre et avec une marge
de 10 p. 9 lig. de hauteur.

La seconde a une marge diminuée. Elle ne porte
que 9 p. 1 lig. de hauteur, et on y lit: *De la
part d'Adam Bartsch, pour souhaiter la bonne
année.*

La troisième est celle que l'on a détaillée, c'est -
à - dire où l'inscription est supprimée.

THÉODORE KAMPHUIZEN.

123—129. Divers sujets d'animaux tirés de
tableaux de *T. Kamphuizen*, de *H. Roos* et
de *Ph. Wouwermans*. Suite de six estampes.

> Largeur : 9 p. 3 lig. — Hauteur : 7 p. 6 lig.

123). Une vache debout, vue de face. —
*Theod. Kamphuizen p. — A. de Bartsch sc.
1815. — Six Estampes gravées par Adam*

de Bartsch d'après ses desseins qui se trou-
vent au Cabinet de Mr. le Chevalier de Hauer.

Epreuve d'essai avant la lettre.

124). Une villageoise trayant une vache
en présence d'un paysan qui porte un
seau à lait. — *I. Camphuysen inv.* (par
erreur, au lieu de *T.*) — *A. de Bartsch*
sc. A. 1815.

125). Un bélier et une brébis chaude. —
H. Roos p. — *A. de Bartsch sc.* 1815.

126). Un âne debout en avant d'un paysan
dormant, couché près de quelques pierres et accompagné d'un chien. — *H. Roos*
del. (par erreur, au lieu de *pinx.*). —
A. de Bartsch sc. 1815.

127. Ce même dessein gravé antérieurement, mais donc M.ʳ de Bartsch a supprimée la planche, l'eau - forte ayant
trop foiblement mordue. — *H. Roos p.*
— *A. de Bartsch sc.* 1815.

Même dimension.

On a de cette première planche deux épreuves
différentes.

La première est à l'eau - forte seule. On n'en a
tiré qu'une couple d'épreuves.

Dans la seconde la tête et le corps de l'âne sont
retouchés au burin. De ces épreuves il n'existe
aussi qu'un très petit nombre.

128). Une vache à côté de son veau, couchés l'un et l'autre près d'une pierre
taillée. — *H. Roos p.* — *A. de Bartsch sc.*
1815.

Epreuve d'essai avant la pierre taillée du fond.

129). Un cheval gris tisonné debout près
de deux garçons dont un le tient par le
licou. — *P. Wouwerman p.* — *A. de
Bartsch sc.* 1815.

V. G. KININGER.

130. Une fille de chambre de Vienne portant une théière. — *Stubenmädchen.—Fille
de Chambre.* — *V. Kininger del.* — *A.
Bartsch sc.* Ce morceau fait partie de la suite
des cris de Vienne gravés d'après les desseins de *Chrétien Brand.* Au milieu d'en
bas est le numéro 8.

Hauteur : 13 p. 7 lig. — Largeur : 9 p. 8 lig.

Epreuve d'essai avant la lettre.

131. La religion debout ayant une croix appuyée contre l'épaule, et tenant de la main

droite une couronne d'étoiles. Du bras gauche étendu elle couvre d'un bouclier le buste de Son Altesse Royale, l'archiduc Charles. — *Carolo! sic verae Palladis Aegis adest.—V. Kininger del.—A. Bartsch sc.*

Hauteur: 6 p. — Largeur: 4 p. 10 lig.

Cette vignette, gravée sur un dessein de *Kininger*, a été destinée à orner un poëme de Mr le conseiller Michel Denis, qui a pour titre: *Clypei Heroum Elegidion Carolo Austrio Victori. Viennae, Fr. Jos. Rötzel.* 1799. 4to.

182. Deux écussons d'armes ménagés dans une vignette. L'écu à gauche est tiercé en chevron d'argent et d'azur, l'azur chargé en haut de l'étoile et de deux griffons, et en bas de troisième griffon. L'écu à droite est parti d'azur et de gueules aux trois lions de l'un en l'autre. Le premier est timbré d'un héaume, le second d'une couronne. Le tout est entouré d'un soleil de rayons. Dans une banderole attachée en bas sur des festons de fleurs est écrit: VIRTUS INCENDIT VIRES.

Hauteur: 7 p. 8 lig. — Largeur: 4 p. 10 lig.

133. Billet d'adresse de T. Mollo, marchand
d'estampes à Vienne. Pallas est représentée assise près d'un tableau de forme ovale,
sur lequel on lit : TRANQUILLO MOLLO.
*Editeur et Marchand d'Estampes, Musique
— — — A. VIENNE.*

Largeur : 6 p. 4 lig. — Hauteur : 4 p. 7 lig.

Epreuve d'essai avant l'inscription.

Épreuve d'essai antérieure au fond blanc et moins
terminée.

J. A. KLEIN.

134. Bataille livrée par l'armée prussienne
à l'armée française en Silésie près de la
Katzbach. — *Sieg der Preussischen Armee
an der Katzbach den 26te. August 1813. —
Victoire de l'armée prussienne près de la Katzbach. — I. A. Klein del. — Vienne chéz Artaria et Comp. — A. Bartsch sculp.*

Largeur : 19 p. 4 lig. — Hauteur : 15 p. 8 lig.

On a de ce morceau quelques épreuves avant la
lettre.

JEAN LARGKMAIR.

135. Portrait de Martin Schongauer, à mi-
corps et vu de trois quarts. Gravé en 1808

d'après un tableau de *J. Largkmair*, son élève, qui se trouve au cabinet de Mʳ le Comte de Fries. Cette estampe est à la tête du VIᵉ volume du Peintre - Graveur par Adam Bartsch. On lit dans la marge d'en bas : MARTIN SCHONGAUER, et au milieu d'en haut: *Frontispice du VI. Vol.*

Hauteur : 5 p. 2 lig. — Largeur : 3 p. 7 lig.

On a de ce morceau trois sortes d'épreuves.

La première est avant la lettre.

La seconde porte le nom de *M. Schongauer*, mais l'inscription : *Frontispice du VI. Vol.* y manque.

La troisième est celle que nous avons détaillée, c'est-à-dire avec le nom de *M. Schongauer*, et avec l'inscription: *Frontispice du VI. Vol.*

Epreuve d'essai moins terminée, tirée de la planche avant qu'elle ait été diminuée à droite et en bas.

Cette épreuve a 6 p. de hauteur sur 7 p. 11 lig. de largeur.

JEAN LIVENS.

136. Un apôtre écrivant ses saints livres. — *1. Livens del.* — *A. Bartsch sc.*

Hauteur : 11 p. 2 lig. — Largeur : 8 p. 5 lig.

137. Un vieillard à mi-corps, vu de profil et dirigé vers la droite. — *F. Lievens del.*

(par erreur, au lieu d'*I. Livens.*) — *A. Bartsch sc.*

Hauteur : 7 p. 3 lig. — Largeur : 5 p. 5 lig.

On a de ce morceau quelques épreuves avant la lettre.

JEAN VAN DER MEER LE JEUNE.

138—143. Divers sujets d'animaux gravés d'après des desseins de *J. van der Meer le jeune*, de *P. Potter*, de *H. Roos* et de *Jean Bapt. Weenix.* Suite de six estampes.

138). Groupe de quatre moutons et de trois agneaux qui se reposent au pied d'une colline, à mi-hauteur de laquelle sont trois autres animaux semblables. Vers le milieu d'en bas est écrit : *J. v. der meer de Jonge f. 1687.*, et à droite : *A. Bartsch sc.* 1814. Dans la marge on lit la dédicace suivante : *Suite de six Estampes gravées d'après différens Maltres par le Chev. Adam de Bartsch pour son ami le Chev. H. X. de Hauer.* 1814.

Hauteur : 9 p. 1 lig. — Largeur : 7 p. 3 lig.

Epreuve d'essai avant la dédicace dans la marge d'en bas.

139). Un étable. On voit au milieu du fond une vache qui vèle. Les mots de *Paulus Potter f.* sont marqués à la gauche d'en bas. A droite hors du bord est écrit: *A. de Bartsch sc.* 1813.

Hauteur: 11 p. 1 lig. — Largeur: 9 p. 3 lig.

140). Un troupeau de moutons passant près d'une fontaine, auprès de laquelle un garçon boit de l'eau puisée dans son chapeau. On voit sur le devant à droite un autre garçon qui pisse. A la gauche d'en bas est écrit: *H. Roos inv.*, et vers la droite: *Bartsch sc.*

Hauteur: 10 p. 4 lig. — Largeur: 8 p. 1 lig.

Epreuve d'essai où la brébis à la gauche est d'une couleur noire plus foncée que dans les épreuves postérieures.

141). Un troupeau de deux vaches et de six moutons en repos près d'un puits. On lit en haut, à gauche: *H. Roos inv.*, à droite: *A. de Bartsch sc.* 1813.

Même dimension.

142). Un troupeau composé de trois moutons, d'un bélier et d'une chèvre se reposant au pied d'un arbre rabougri chichemont feuillu. On lit au milieu d'en bas : *J. Weeninx fecit* 1641, et à droite : *A B.*

Hauteur : 11 p. 4 lig. — Largeur : 8 p. 8 lig.

143). Un puits délabré autour duquel on voit jettés par terre une brouette, un balai, une pelle et plusieurs autres ustenciles. Au milieu du fond s'élève une tour ruinée. On lit vers la droite d'en bas : *J. Weeninx fet.*

Hauteur : 10 p. 4 lig. — Largeur : 7 p. 10 lig.

Une brébis couchée accompagnée de deux agneaux couchés à sa gauche.

Une brébis debout accompagnée de deux agneaux dont l'un tette.

Ces deux pièces gravées d'après des estampes originales de *J. van der Meer*, voyez sous l'article de *P. Potter.* Nr. 163, et 164.

Trois moutons couchés ensemble. Celui du milieu dort, la tête baissée contre terre. Voyez *J. H. Roos.* Nr. 224.

FRANÇOIS MIERIS.

144. Jeune homme jouant du violon à côté

d'une petite fille et d'un jeune garçon qui chantent. — *Le Concert.* — *Fr. Mieris inv.* — *A. Bartsch del. et sc.* — *à Vienne Chez T. Mollo et Comp.*

Hauteur : 8 p. 9 lig. — Largeur : 6 p.

On a de ce morceau trois sortes d'épreuves.

La première est avant la lettre. Au milieu d'en bas est écrit en lettres tracées à la pointe sèche : *A. Bartsch f.*, mots effacés dans les épreuves avec la lettre.

La seconde porte ces inscriptions : *Adam Bartsch pour souhaiter la bonne année.* — *Fr. Mieris inv.* — *A. Bartsch del. et sc.*

La troisième est celle que nous avons détaillée.

MARTIN DE MOLITOR.

145. Un épagneul vu de face et se tenant sur les deux jambes de derrière. On lit en bas, à gauche : *Molitor del.*, et à droite : *B. sc.*

Hauteur : 5 p. 9 lig. — Largeur : 3 p. 10 lig.

On a trois épreuves différentes de cette estampe *).

---

*) On conserve dans la collection de Mr. le Comte de Fries une épreuve unique de cette estampe. Le billet y est effacé, et les endroits emportés à cette occasion n'y sont pas encore refaits.

La première représente l'épagneul portant un
billet de visite dans la gueule. Cette épreuve
a en bas une haute marge destinée à une inscription.

Elle porte 8 p. 5 lig. de hauteur, la marge y comprise.

La seconde est comme la précédente, excepté
que la planche est diminuée par en bas.

Elle ne porte que 5 p. 9 lig. de hauteur.

La troisième offre le chien sans le billet de visite
dans la gueule. C'est celle que nous avons détaillée.

Nous trouvons à propos de citer ici
une note faite par Adam de Bartsch page
70 de son catalogue de l'oeuvre de M. de
Molitor, imprimé à Nuremberg en 1813
chez Frauenholz et Comp.

„Voici ce qui a donné occasion à cette
estampe. Passant la soirée chez M^r de
Molitor la veille de ma fête (qui vient le
24. de Decembre) il me promit, sur mes
protestations, de ne point venir chez moi
pour me féliciter, ni même de m'envoyer
un billet de visite. En rentrant chez moi,
on m'apporte un rouleau contenant un
dessin de cet épagneul, fait en grand au
pinceau trempé dans de l'encre de la Chine

d'une manière large et extrêmement spirituelle et aisée. Le billet que l'épagneul
avoit dans la gueule, offroit le nom de
Molitor. Sensiblement touché de cette jolie
surprise, je me déterminai sur le champ,
de lui en faire une à mon tour, lors de
la fête de nouvel an, en lui rendant son
épagneul gravé à l'eau-forte en petit. Je
n'avois que six jours devant moi, et beaucoup d'autres affaires sur le dos. Je me dé-
péchai, je terminai ma besogne. La veille
du jour de l'an Mʳ de Molitor fut repayé
d'une épreuve de mon estampe, dans laquelle le billet que l'animal tenoit dans la
gueule, étoit marqué de mon nom."

146. Paysage montueux où l'on voit au milieu une colline surmontée d'un bâtiment
ruiné. Cette pièce est animée par un
homme à cheval que l'on apperçoit sur le
devant à droite. On lit en haut, à gauche:
M. M. inv., et à droite: *A. Btch f.*

Largeur : 3 p. 1 lig. — Hauteur : 1 p. 8 lig.

Cette pièce est gravée d'une pointe
aussi facile que spirituelle. La planche

E

s'est égarée après qu'on n'en avoit tiré qu'une couple d'épreuves. On en conserve une dans le recueil du cabinet de Son Altesse Royale Msgr. le Duc Albert de Saxe-Teschen.

147. Un jeune paysan assis au pied d'un grand arbre, ayant une hotte à son côté. Cette pièce sert de billet de visite à l'auteur de ce catalogue. On lit dans un espace vuide : *Frédéric de Bartsch. De la Bibliothèque I. et R. de la Cour.*

Largeur : 3 p. 1 lig. — Hauteur : 2 p. 2 lig.

On a de ce morceau des épreuves avant la lettre.

148. Deux vaches, un mouton et une chèvre dans un paysage. Cette planche n'a pas été achevée.

Largeur : 6 p. — Hauteur : 4 p. 8 lig.

LOUIS PFOOR.

149—154. Différens chevaux. Suite de six estampes numérotées à la gauche d'en bas.

Largeur : 15 p. 5 lig. — Hauteur : 13 p.

On a de ces six estampes trois sortes d'épreuves. Les premières sont avant toute lettre.

Les secondes sont marquées: *Pfoor pinx.* — *A. Bartsch sculp.*, à l'exception de Nr. 154, où on lit outre les noms des deux auteurs: *VIte. Pl. — à Vienne chez Artaria et Comp.*

Les troisièmes sont celles dont nous donnons ici le détail.

149). *Ite Pl.* Un Hongrois, un chapeau rond sur la tête, montant un cheval l'amble et conduisant un cheval à la main. — *Pfoor pinx.* — *A. Bartsch sculp.* — UNGARISCHE PFERDE. — CHEVAUX HONGROIS. *à Vienne chez Artaria et Comp.*

150). *IIte. Pl.* Un Polonois monté à cheval et menant à la bride un cheval pie. On remarque dans le fond un mur. *Pfoor pinx.* — *A. Bartsch sculp.* — POLNISCHE PFERDE. — CHEVAUX POLONOIS. — *à Vienne chez Artaria et Comp.*

151). *IIIte. Pl.* Un Russe avec deux chevaux, sur l'un desquels il s'appuye, tandisque l'autre boit dans une pièce d'eau. — *Pfoor pinx.* — *A. Bartsch sculp.* —RUSSISCHE PFERDE.—CHEVAUX RUSSE. *à Vienne chez Artaria et Comp.*

152). *IVte. Pl.* Un palefrenier avec deux chevaux qu'il abreuve près d'une fon-

taine et sur l'un desquels il est monté.
Pfoor pinxt. — *A. Bartsch sculp.* — SPA-
NISCHE PFERDE.—CHEVAUX ESPAGNOLS.
— *à Vienne chez Artaria et Comp.*

153). *Vto. Pl.* Un joquey monté sur un
cheval et menant un autre à la bride. Il
est accompagné d'un chien. — *Pfoor
pinxt.* — *A. Bartsch sculpt.* — ENGLISCHE
PFERDE. — CHEVAUX ANGLOIS. — *à
Vienne chez Artaria et Comp.*

154). *VIte. Pl.* Un Arabe à pied menant à
la bride deux chevaux, à l'un desquels
il fait une menace avec le poing élevé.
Dans un paysage offrant d'un côté un
bois et de l'autre des rochers arides. --
Pfoor pinxt. — *A. Bartsch sculpt.* — ARA-
BISCHE PFERDE. — CHEVAUX ARABES. —
à Vienne chez Artaria et Comp.

PAUL POTTER.

155—170. Copies trompeuses faites d'après
des estampes très rares de différens maîtres
hollandois, jointes aux volumes I. IV. et
V. du Peintre - Graveur par A. Bartsch.
Suite de seize estampes.

155). Une tête de vache vue presque de face et tournée vers la gauche de l'estampe. Pièce marquée vers la gauche d'en bas : *Potter fe*, et à la droite d'en haut : *A. Bartsch f.* Voyez le Peintre-Graveur, Tome I., page 55, Nr. 16.

Hauteur : 3 p. 8 lig. — Largeur : 3 p. 9 lig.

156). Une vache couchée près d'un arbre. Elle est vue de trois quarts et dirigée vers la gauche. D'après le même. On lit vers le milieu d'en haut : *A. Bartsch sc.* Voyez P. G., Tom. I., p. 57, Nr. 17.

Largeur : 5 p. 2 lig. — Hauteur : 3 p. 10 lig.

Epreuve d'essai avant le nom d'*Adam Bartsch*.

Epreuve d'essai antérieure tirée de la planche avant qu'elle ait été diminuée.

Cette épreuve a 7 p. 2 lig. de largeur sur 5 p. 9 lig. de hauteur.

157). Une bergère assise à terre près d'un bélier et d'une chèvre. Une vache vue de trois quarts et tournée vers la gauche est debout vis-à-vis d'elle. Le fond offre le mur d'un bâtiment ruiné. On lit à la gauche d'en haut : *H. Roos f.* —

A. Bartsch sc. Voyez P. G., Tom. I.,
p. 149, Nr. 31.

Hauteur: 8 p. 1 lig. — Largeur: 5 p. 8 lig.
Epreuve d'essai avant les noms des deux artistes.

158). Une vache couchée vue par le dos.
Dans le fond à gauche on voit un taureau qui arrive. D'après le même. On
lit vers la droite d'en haut: *A. Bartsch
sc.* Voyez P. G., Tome I., p. 154,
Nr. 39.

Largeur: 5 p. 5 lig. — Hauteur: 3 p. 9 lig.
Epreuve d'essai avant le nom d'*A. Bartsch.*
Epreuve d'essai antérieure, tirée de la planche,
avant qu'elle ait été diminuée en bas.
Cette épreuve a 5 p. 8 lignes? de hauteur.

159). Un berger armé d'une pique pour-
suivant un loup qui se sauve emportant
sur son dos un agneau dont il tient la
jambe gauche de devant entre ses dents.
On lit à la droite d'en haut: *J. le Ducq
fecit. — A. Bartsch sc.* 1803. Voyez P. G.
Tom. 1. p. 206. Nr. 9.

Largeur: 8 p. 7 lig. — Hauteur: 6 p. 11 lig.
Epreuve d'essai tirée de la planche lorsqu'elle
étoit encore plus grande. Sur cette épreuve se

voient les pièces détaillées au Nr. 155 et 170,
que l'on a ensuite ôtées.

Cette épreuve a 11 p. 8 lig. de hauteur sur 8 p. 7 lig.
de largeur.

160). Un chien debout près d'un autre
qui dort couché. On lit à mi-hauteur
du côté gauche: *J, Le Ducq f:*, et dans
le haut de ce même côté: *A. Bartsch sc.*
Voy. P. G. Tom. I. p. 207. Nr. 10.

Hauteur: 4 p. 8 lig. — Largeur: 5 p. 5 lig.
Epreuve d'essai avant le nom d'*A. Bartsch.*

161). Un paysan appuyé sur son bâton
parlant à une femme qui porte un panier. D'après *Adrien van de Velde.* On
lit à la droite d'en haut: *A. Bartsch sc.*
Voyez P. G. Tom. I. p. 226. Nr. 20.

Hauteur: 4 p. 9 lig. — Largeur: 4 p. 7 lig.
Epreuve d'essai avant le nom d'*A. Bartsch.*
Epreuve d'essai antérieure tirée de la planche
avant qu'elle ait été diminuée.

Cette épreuve a 7 p. 2 lig. de hauteur sur 5 p. 5 lig.
de largeur.

162). Un homme enveloppé d'un manteau
monté à cheval. Il est suivi d'un mu-
letier et d'un paysan faisant marcher
un boeuf. On lit à la gauche d'en haut:

A. V. Veldo. f. 1653., et à droite : *A. Bartsch sc.* Voyez P. G. Tom. I. p. 227. Nr. 21.

Largeur : 7 p. 7 lig. — Hauteur : 6 p. 6 lig.

Épreuve d'essai avant le nom d'*A. Bartsch.*

Épreuve d'essai antérieure tirée de la planche lorsqu'elle étoit encore plus grande. Sur cette épreuve se voit la pièce détaillée au Nr. 167, que l'on a ensuite ôtée.

Cette épreuve a 11 p. 2 lig. de hauteur sur 9 p. de largeur.

163). Une brébis couchée accompagnée de deux agneaux couchés près d'elle. Au bas du côté gauche est écrit : *J. v. der meer de jonge f.* 1685., et à la droite d'en haut : *A. Bartsch sc.* Voyez P. G. Tom. I. p. 231. Nr. 1.

Largeur : 5 p. 3 lig. — Hauteur : 4 p. 4 lig.

Épreuve d'essai avant le nom d'*A. Bartsch.*

164). Une brébis debout au milieu de l'estampe, vue presque de face. Elle est accompagnée de deux agneaux dont l'un tette. Deux autres moutons sont vers le fond du côté droit. Dans un paysage. Au bas de la gauche est écrit à rebours : *J. v. der meer de jonge. f.* 1685., et un peu

vers la droite : *A. Bartsch sc.* 1803.
Voyez P. G. Tom I. p. 232. Nr. 2.

Largeur : 7 p. 5 lig. — Hauteur : 6 p. 4 lig.

165). Un taureau vu presque par derrière
et dirigé vers la droite du fond. Le nom
de *Batta Weenix* est tracé au bas de l'e-
stampe. On lit à la droite d'en haut:
A. Bartsch sc. Voyez P. G. Tom. I. p. 393.
Nr. 1.

Hauteur : 6 p. — Largeur : 4 p. 2 lig.
Epreuve d'essai avant le nom d'*A. Bartsch.*

166). Un homme assis caressant un grand
chien qu'il a auprès de lui. D'après le
même. On lit à la gauche d'en haut:
A. Bartsch sc. Voyez P. G. Tom. I. p. 394.
Nr. 2.

Hauteur : 7 p. 2 lig. — Largeur : 5 p. 4 lig.
Epreuve d'essai avant le nom d'*A. Bartsch.*

167). Un cheval debout, vu de profil et
dirigé vers la droite. Il est attaché par
la bride à un tronc d'arbre. D'après
Philippe Wouwermans. Au haut de la
gauche est un chiffre et l'année 1643,
l'un et l'autre à rebours, au dessous

desquels on lit : *A. Bartsch sc.* Voyez
P. G. Tom. I. p. 399.

Largeur : 6 p. 9 lig. — Hauteur : 4 p. 8 lig.
Epreuve d'essai avant le nom d' *A. Bartsch.*

168). Un groupe de cinq moutons. Le
lointain à droite présente une maison,
en avant de laquelle on remarque un
berger assis à terre et entouré de quelques moutons. A la droite d'en haut est
écrit : *J. van der does Inv. A°.* 1650., et
vers la gauche : *A. Bartsch sc.* Voyez
P. G. Tom. IV. p. 195.

Largeur : 5 p. 4 lig. — Hauteur : 4 p. 5 lig.
Epreuve d'essai avant le nom d' *A. Bartsch.*

169). Un boeuf debout, vu de face. A la
droite d'en bas est écrit : *M. Roos.* 1685.,
et à gauche : *A. Bartsch sc.* Voyez P.G.
Tom. IV. p. 399.

Hauteur : 7 p. 1 lig. — Largeur : 5 p. 7 lig.
Epreuve d'essai avant le nom d' *A. Bartsch.*

170). Une tête de bouc, vue de trois
quarts et dirigée vers la droite. On lit
en bas, à gauche : *N. Berghem f.*, à

droite: *A. Bartsch sc.* Voyez P. G. Tom. V. p. 267. Nr. 19.

Hauteur: 3 p. 2 lig. — Largeur: 2 p. 9 lig.

Epreuve d'essai où ces noms sont gravés à l'eau-forte.

Un étable. On voit au milieu du fond une vache qui vêle. D'après un dessein de *P. Potter.* Voyez *J. van der Meer le jeune* Nr. 139.

Un chien et un chat qui se montrent les dents. D'après un tableau du même. Voyez *A. van de Velde* Nr. 246.

Un vieux chien près d'une espèce de chénil. D'après un tableau du même. Voyez *A. van de Velde* Nr. 247.

NICOLAS POUSSIN.

171. La Ste. Vierge transportée au ciel par des anges. Dans le goût d'un dessein à la plume lavé au bistre. — *Nic. Poussin del.* — *Ex Coll. Princ. Car. de Ligne.* — *A. Bartsch sc.* 1790.

Hauteur: 8 p. — Largeur: 7 p. 10 lig.

FRANÇOIS RECHBERGER.

172. Un rocher escarpé de la forme d'une
pyramide s'élevant au milieu de l'estampe,
et garni vers la droite de quelques sapins.
On remarque dans le fond à gauche une
montagne couverte de verdure. En haut
est écrit, à gauche : *Rechb.*, à droite :
Btsh.

> Hauteur : 1 p. 11 lig. — Largeur : 1 p. 9 lig.

Cette planche est gravée dans le même
goût que la pièce Nr. 146, et a eu le même
sort. On en conserve une dans le recueil
du cabinet de Son Altesse Royale Msgr.
le Duc Albert de Saxe - Teschen.

REMBRANDT VAN RYN.

173. Portrait de Rembrandt, à mi - corps et
vu de face. Dans un cadre. Gravé d'après
une estampe originale de Rembrandt
(Nr. 31, page 19 du catalogue de son
oeuvre, nouvelle édition). On lit sur une
table : REMBRANDT, et à la droite d'en-bas :
A. Bartsch f. Cette estampe est à la tête
de la première partie du catalogue de

Rembrandt, nouvelle édition faite à Vienne
par A. Bartsch en 1797. Les bonnes
épreuves sont très rares.

Hauteur : 6 p. 4 lig. — Largeur : 4 p. 1 lig.

Epreuve d'essai avant le mot REMBRANDT, et
avant le nom d'*A. Bartsch.*

Epreuve d'essai antérieure, avant le cadre et
avant les deux ombres portées à côté des
épaules.

174—180. Différentes estampes gravées dans
le goût de desseins faits à la plume. Suite
de sept pièces, le titre y compris.

174). Frontispice inventé et gravé par
Adam de Bartsch. On y voit à gauche
trois jeunes garçons en avant d'un grand
arbre. A droite un quatrième, debout
sur un piédestal, est occupé à attacher
à un mur un grand drap, sur lequel on
lit : *Six Estampes gravées d'après les Desseins originaux de Rembrand qui se trouvent dans la Collection de la Bibliothèque
Imp. et Royl. de Vienne. Par Adam Bartsch.*
Dans la marge d'en bas est écrit : *a
Vienne chez Artaria Compag.*

Largeur : 7 p. 5 lig. — Hauteur : 5 p. 6 lig.

175). Thamar empruntant la figure d'une courtisanne, pour se prostituer à son beau - père Judas, dont elle reçoit pour gages un anneau et un bâton. On lit en haut, à gauche : THAMAR, et à droite : ET IUDAS. Dans la marge d'en bas est écrit : *D'après le Deissein original de Rembrand qui se trouve à la Bibliothèque Imp. et Royl de Vienne. — A . B * tsch sculp.* 1782.

Largeur : 7 p. 6 lig. — Hauteur : 5 p. 11 lig.

Epreuve d'essai avant les mots THAMAR ET IUDAS et avant que la planche fut diminuée aux deux côtés.

Cette épreuve a 9 p. de largeur.

176). LE DÉPART DU JEUNE TOBIE.— *Rembrand del: — Adam Bartsch sculp:* 1782. *— D'après le Dessein original qui se trouve à la Bibliothèque I. et R. de Vienne.*

Largeur : 8 p. 5 lig. — Hauteur : 7 p. 5 lig.

177). *Iésus Christ disputant dans le Temple avec les Docteurs de la Loi. —. Rembrand del: — Adam Bartsch sculp.* 1782. *— Le Dessein original se trouve à la Bibliothèque Imp: et Royl: de Vienne.*

Largeur : 10 p. 1 lig. — Hauteur : 8 p. 2 lig.

178). IÉSUS CHRIST CHEZ MARTHE ET MARIE. Luc. x. C. 38. v. *Rembrand del :* — *Adam Bartsch sc* 1782.

Largeur : 9 p. 1 lig. — Hauteur : 7 p. 5 lig.

179.) Un criminel conduit devant les juges. — *D'après le Dessein original de Rembrand qui se trouve à la Bibliothèque I. et R. de Vienne. Gravé par A. Bartsch.* 1782.

Largeur : 9 p. 9 lig. — Hauteur : 6 p. 10 lig.

180). Deux buveurs assis ensemble près d'une table. — *Rembrand del :* — *Bartsch sculp.* 1782. — *Le Dessein original se trouve à la Bibliothèque Imp. et Royl: de Vienne.*

Largeur : 8 p. 9 lig. — Hauteur : 7 p. 7 lig.

181—186. Différentes estampes. Suite de six pièces numérotées à la droite d'en bas.

181). 1. Vieille femme assise près d'une table, lisant dans un livre qu'elle a sur ses genoux. — *Rembrand del.* — *A Bartsch sc.* 1783. — Dans le goût d'un dessein lavé à la sanguine.

Hauteur : 8 p. 5 lig. — Largeur : 7 p. 1 lig.

182). 2. Vieillard vénérable assis près d'une fenêtre, et écoutant un homme

assis vis - à - vis de lui. — *Rembrand del :*
— *A : Bartsch sc :* 1782. — Dans le goût
d'un dessein à la plume lavé au bistre.

Largeur : 12 p. 2 lig. — Hauteur : 9 p. 10 lig.

183). 3. École de village. — *Rembrand del :*
— *A. Bartsch sc.* 1782. — Dans le goût
de la pièce précédente.

Largeur : 12 p. 10 lig. — Hauteur : 8 p. 7 lig.

184). 4. Mardochée monté sur une mûle
et mené en triomphe par Aman. —
Rembrand del. — *A. Bartsch sc :* 1783. —
Dans le goût des pièces précédentes.

Largeur : 14 p. 6 lig. — Hauteur : 10 p. 9 lig.

185). 5. Vieille femme à mi - corps filant
au rouet. — *Rembrandt inv.* — *A Bartsch
sc.* 1782. Dans la marge d'en bas est
écrit : *D'après le Dessein original, qui se
trouve dans la Collection de la Bibliothèque
I. R. de Vienne.*

Hauteur : 10 p. 9 lig. — Largeur : 8 p. 10 lig.

Epreuve d'essai avant la bordure et avant l'inscription : *D'après le Dessein original etc.*,
dans la marge d'en bas.

186). 6. Six petites esquisses sur une
même planche. On voit un garçon dor-

mant couché dans un lit, et un homme assis en méditation au milieu de quatre figures qui représentent les gueux. — *Rembrand inv.* — *A. Bartsch sc.* 1783.

Largeur : 11 p. 11 lig. — Hauteur: 10 p. 9 lig.

GUILLAUME ROMEYN.

187. Quatre boeufs passant un ruisseau. On voit au fond trois colonnes d'un temple tombé en ruine. On lit vers la gauche d'en bas : W. ROMEYN. Dans la marge est écrit, à droite : *A. Bartsch sc.* 1806., et au milieu : *Nuremberg chez J. F. Frauenholz et Co.*

Hauteur: 9 f 11 lig. — Largeur: 7 p. 6 lig.

On a de ce morceau des épreuves avant l'inscription : *Nuremberg chez J. F. Frauenholz et Co.*

J. HENRI ROOS.

188—199. Differentes études d'animaux. Suite de douze estampes.

188). Frontispice. Une vache couchée et vue par le dos. Deux têtes de vaches vues de face se voient vers le haut,

F

l'une à gauche, l'autre à droite. En bas
on lit : *Etudes d'animaux dessinées par
Henri Roos et gravées par A. Bartsch.* —
*A Vienne chez F. X. Stöckl, marchand
d'Estampes.*

Hauteur : 10 p. 3 llg. — Largeur : 7 p. 10 llg.

189). Etudes de deux têtes de vache,
d'une tête de taureau, et de celle d'un
buffle. *H. Roos f. A Bh sc.*

Même dimension,

190). Une vache vue de profil et dirigée
vers la gauche. On voit dans le fond
deux moutons légèrement indiqués. *H.
Roos f. — A. Bh sc.*

Même dimension. *)

191). Une vache debout. Son corps est
vu de trois quarts, et sa tête est de
profil. *H. Roos f. — A. Bh sc.*

Même dimension,

---

*) On conserve dans l'oeuvre de la Bibliothèque Imp.
et Royl. de la Cour une épreuve où quatre de ces animaux, savoir Nr. 190, 191, 197 et 198 ont été gravés
sur une même planche, taillée depuis en quatre morceaux.

Cette épreuve a 21 p. de hauteur sur 15 p. 7 llg. de largeur.

192). Un boeuf debout, vu presque de face et dirigé vers la droite: *H. Roos f.* — *A. Bh sc.*

Hauteur : 9 p. 7 lig. — Largeur : 7 p. 2 lig.

193). Un âne bâté, vu de trois quarts et dirigé vers la gauche. *H. Roos f.* — *A. Bh sc.*

Hauteur : 10 p. 3 lig. — Largeur : 7 p. 10 lig.

194). Un âne bâté et chargé de deux paniers. Il est vu de profil et tourné vers la gauche. *H. Roos f.* — *A. Bh sc.*

Même dimension.

195). Un boeuf broutant, vu de profil. *H. Roos f.* — *A. Bh sc.*

Largeur : 9 p. 9 lig. — Hauteur : 7 p. 2 lig.

196). Une vache debout, vue de profil et dirigée vers la gauche. *H. Roos f.* — *A. Bh sc.*

Largeur : 10 p. 3 lig. — Hauteur : 7 p. 10 lig.

197). Une vache couchée, vue de profil et dirigée vers la droite. Elle a les yeux fermés et une sonnaille au cou. *H. Roos f.* — *A. Bh sc.*

Même dimension.

198). Autre vache couchée et vue de

profil. Elle est dirigée vers la gauche et a les yeux fermés. *H. Roos. f.* — *A. B h sc.*

Même dimension.

199). Un boeuf couché, vu de profil et dirigé vers la gauche. *H. Roos f.* — *A. B h sc.*

Même dimension.

200 — 211. Différentes études d'animaux. Suite de douze estampes numérotées à la droite d'en haut.

On a de ces douze estampes des épreuves avant le numéro, et avant l'inscription: *A Vienne chez T. Mollo et Comp.* sur le frontispice.

200). 1. Frontispice. Un taureau se reposant auprès d'une grande pierre brute, sur laquelle est écrit: ETUDES D'ANIMAUX DESSINÉES PAR H. ROOS. Une autre pierre jettée sur le devant à gauche est marquée de l'année 1799. A la droite d'en bas on lit: *A. Bartsch sc.*, et au milieu: *A Vienne chez T. Mollo et Comp.* Il est à remarquer que la pierre brute et les broussailles qui s'élèvent auprès sont gravées par *François Rechberger.*

Hauteur : 9 p. 9 lig. — Largeur : 7 p. 9 lig.

201). 2. Cinq moutons couchés, trois dans le haut, et deux dans le bas de l'estampe. *H. Roos del.* — *A. Bartsch sc.*

Hauteur : 9 p. — Largeur : 7 p. 8 lig.

202). 3. Un mouton debout et une vache couchée. La tête de cette dernière est vue presque de trois quarts: *H. Roos del.* — *A. B.*

Hauteur : 10 p. 1 lig. — Largeur : 7 p.

203). 4. Un mouton debout et une vache couchée. Cette dernière est vue de profil ayant les yeux presque fermés. *H. Roos del.* — *A. Bartsch sc.*

Même dimension.

204). 5. Une vache endormie, couchée, la tête baissée et appuyée sur le terrein.

Largeur : 10 p. 6 lig. — Hauteur : 6 p. 5 lig.

205). 6. Un mouton couché, vu de profil et tourné vers la gauche. Il est entouré des études de cinq têtes et d'une jambe de derrière de mouton. *H. Roos del.* — *A. Bartsch sc.*

Largeur: 8 p. 6 lig. — Hauteur : 5 p. 4 lig.

206). 7. Trois boucs sur une même planche, l'un au dessus de l'autre. On remarque particulièrement celui du milieu qui dort couché sur le côté. *H. Roos del.* — *A. Bartsch sc.*

Hauteur: 10 p. 6 lig. — Largeur : 7 p.

207). 8. Deux boeufs couchés et vus de face, l'un dans le haut, l'autre dans le bas de l'estampe. Ce dernier se fait remarquer par ses longues cornes. *H. Roos del.* — *A. Bartsch sc.*

Hauteur: 9 p. 6 lig. — Largeur: 6 p. 3 lig.

208). 9. Plusieures études de moutons, les uns terminés, les autres légèrement tracés. Sur une même planche. On remarque particulièrement dans le haut un mouton couché vu de profil. A mi-hauteur un mouton debout avec les jambes de derrière écartés, et en bas un agnelet debout dirigé vers la droite. *H. Roos del.* — *A. Bartsch sc.*

Hauteur: 12 p. 4 lig. — Largeur: 8 p. 3 lig.

209). 10. Huit moutons sur une même feuille. On remarque en bas un groupe de quatre de ces animaux qui se reposent l'un très près de l'autre. Un cinquième est debout à gauche. — *H. Roos del. — A. Bartsch sc.*

Hauteur: 10 p. 3 lig. — Largeur: 7 p. 8 lig.

210). 11. Un taureau couché, tourné vers la droite. On remarque sa queue écourtée. *H. Roos del. — Bartsch f.*

Largeur: 11 p. 9 lig. — Hauteur: 8 p.

Epreuve d'essai avant les noms.

211). 12. Un boeuf vu de face, debout au milieu d'un petit troupeau de moutons. *H. Roos del. — Bartsch sc.*

Largeur: 9 p. 2 lig. — Hauteur: 7 p. 1 lig.

212—218. Différens animaux. Suite de sept estampes, le frontispice y compris.

Largeur: 11 p. 9 lig. — Hauteur: 9 p. 2 lig.

On a de cinq pièces de cette suite des épreuves avant la lettre, à l'exception de Nr. 218, et avant l'inscription: *A Vienne, au Bureau d'Arts et d'Industrie*, sur le frontispice.

212). Frontispice. On voit sur un rocher
escarpé deux chèvres dont l'une debout,
l'autre couchée. Il est à remarquer que
les deux animaux de ce titre ont été
dessinés par *H. Roos*, le reste l'est par
M. de Molitor. Sur la face de ce rocher
on lit l'inscription suivante : GROUPES
D'ANIMAUX DESSINÉS PAR HENRI ROOS
GRAVÉS PAR A. BARTSCH. Au milieu d'en
bas est écrit : *H. Roos animalia,* M. Mo-
litor par ergon delinavit. — *A Vienne, au
Bureau d'Arts et d'Industrie.*

213). Un paysan monté à cheval et accompagné d'un chien, faisant marcher
à travers un ruisseau son troupeau composé d'un boeuf, d'un bouc et de trois
moutons. On lit à la droite d'en bas :
H: Roos del: 1663. — *A: Bartsch sc:* 1801.

214). Une vache, un taureau, un bouc et
quatre moutons sur le bord d'un petit
ruisseau. On lit en haut, à gauche :
H. Roos del., à droite : *A. Bartsch sc.*

215). Deux boeufs dont l'un debout, l'autre
couché, au milieu de sept moutons qui

se reposent. On lit en haut, à gauche :
H : Roos del :, à droite : *A : Bartch
(Bartsch) sc :*

2 16). Un troupeau de deux vaches, d'un
taureau et de cinq moutons qui se reposent. On voit dans le fond à gauche
deux bergers, un âne, un chien et deux
moutons près d'un édifice ruiné. En bas
est écrit, à gauche : *H; Roos del*; 1684.,
à droite : *A: Bartsch sc :*

217). Une brébis et son agnelet couchés
ensemble. On lit en bas , à gauche:
H: Roos pinx :, à droite : *A: Bartsch sc :*

218). Une vache et un bouc couchés ensemble. On lit en bas, en lettres gravées à l'eau-forte, à gauche : *H. Roos p.,*
à droite: *A. Bartsch sc.*

219—224. Différens animaux gravés d'après
des desseins de différens maîtres hollandois. Suite de six estampes numérotées à
la droite d'en bas.

On a de ces six estampes des épreuves avant
le numéro, et avant l'inscription : *Nurem-*

berg chés J. F. Frauenholz et C°. 1808. sur le frontispice.

219). 1. Un bouc s'élevant sur ses deux jambes de derrière pour prendre une plante parasite du tronc d'un arbre. Cette estampe sert de titre à cette suite. *H. Roos inv. — A. Bartsch sc.* 1805. — *Nuremberg chés J. F. Frauenholz et C°.* 1808.

Hauteur : 9 p. 10 lig. — Largeur : 7 p. 5 lig.

220). 2. Une vache debout, vue de profil et dirigée vers la droite. *H. Roos del.* — *A. Bartsch sc.* 1805.

Largeur : 9 p. 10 lig. — Hauteur : 7 p. 5 lig.

221). 3. Une vache couchée, vue de trois quarts et dirigée vers la gauche. *A. Van de Velde, del.* — *A. Bartsch sc.* 1805.

Même dimension.

222). 4. Groupe de deux vaches et de deux moutons couchés en avant d'un mur délabré. *A. Van de Velde del.* — *A. Bartsch sc.* 1805.

Même dimension.

223). 5. Une vache debout, vue de face

et ayant la tête baissée pour brouter.
Van Bloemen del. — A. Bartsch sc. 1805.

Même. dimension.

224). 6. Trois moutons couchés ensemble.
Celui du milieu dort la tête baissée
contre terre. *J. v. der meer de jonge f.*
1687. — *A. Bartsch sc.* 1806.

Même dimension.

225. Un troupeau composé de deux vaches,
de trois moutons et d'une chèvre se reposant en avant d'un rocher contre lequel
une vieille tour ronde est appuyée. A la
gauche d'en haut est écrit: *H. Roos fecit*
1673., et à la droite d'en bas: *A. Bartsch*
sc. L'inscription: *Nuremberg chez J. F. Frauen-*
holz et C.? est gravée au milieu de la marge
d'en bas.

Hauteur: 9 p. 11 lig. — Largeur: 7 p. 5 lig.

On a de ce morceau des épreuves avant l'inscription: *Nuremberg chez J. F. Frauenholz et C.*?

Un bélier et une brébis chaude.

Un âne debout en avant d'un paysan
dormant.

Ce même dessein gravé antérieurement.

Une vache couchée à côté de son veau.

Ces quatre pièces tirées de tableaux de
J. H. Roos, voyez sous l'article de T.
Kamphuizen, de Nr. 125 jusqu'à Nr. 128.

Un troupeau de moutons passant près
d'une fontaine.

Un troupeau de deux vaches et de six
moutons en repos près d'un puits.

Ces deux pièces gravées d'après des
desseins de J. H. Roos, voyez sous l'article
de J. van der Meer, Nr. 140 et 141.

Une bergère assise à terre près d'un bélier et d'une chèvre.

Une vache couchée vue par le dos.

Ces deux pièces gravées d'après les
estampes originales de J. H. Roos, voyez
sous l'article de P. Potter. Nr. 157 et 158.

MELCHIOR ROOS.

Un boeuf debout, vu de face. Voyez
P. Potter. Nr. 169.

P. P. RUBENS.

226. Tite Manlius Torquatus célébrant les funérailles de Publius Decius Mus, qui s'étoit dévoué aux Dieux pour faire obtenir la victoire à l'armée romaine. Dans la marge d'en bas sont les armes du prince de Lichtenstein, et les inscriptions suivantes : *P. P. Rubens pinxit. — Adam Bartsch sculpsit.* 1794. — P. DECII MURIS PRO EXER-CITVS R. VICTORIA DEVOTI FUNUS A COL-LEGA T. MANLIO TORQUATO PAR MORTI CE-LEBRATUM. T. LIV. VIII. X. — *Serenifs. Aloysio, Sac. Rom. Imp. Principi ab et in Lichtenstein, de Niclasburg, Duci Oppaviae et Carnoviae in Silesia, Comiti Rittbergae, aurei Velleris Equiti, etc. etc. D. D. D. Artaria et Societas. — Ex Pinacotheca Lichten-steiniana. Alt. IX. ped. II. pol. Lat. XVI. ped. et V. pol. Viennae apud Artaria e Societ.*

Largeur : 31 p. 6 lig. — Hauteur : 21 p.

On a de ce morceau des épreuves avant les armes et avant la lettre. On n'y trouve que les noms : *P. P. Rubens pinxt. — Gravé par Adam Bartsch*, écrits en lettres exprimées par des points.

Epreuve d'essai avant toute lettre, c'est-à-dire, avant les deux noms du peintre et du graveur exprimés par des points.

227. La déesse tutélaire de Rome, tenant de la main gauche une épée, de l'autre un bâton, et ayant le pied droit posé sur le globe de la terre, est debout à côté du Génie de la gloire qui arrive pour la couronner de lauriers. Dans la marge d'en bas sont les armes de la maison de Lichtenstein et les inscriptions suivantes : *P. P. Rubens pinxit. — Adam Bartsch sculpsit 1798. — ROMA TRIUMPHANS. — Sereniss. Aloysio, Sac. Rom. Imp. Principi ab et in Lichtenstein, de Niclasburg, Duci Oppaviae et Carnoviae in Silesia, Comiti Littbergae, aurei Velleris Equiti. etc. etc. D. D. D. Artaria et Societas. Ex Pinacotheca Lichtensteiniana Alt. IX ped. III pol. Lat. VIII ped. VII pol. — Viennae apud Artaria et Societ.*

Hauteur : 20 p. 9 lig. — Largeur : 16 p. 10 lig.

On a de ce morceau trois sortes d'épreuves.

La première est avant la lettre et avant les armes.

La seconde est pareillement avant la lettre, mais avec les armes. On n'y lit que les noms suivans : *P. P. Rubens pinxit.—Adam Bartsch sculpsit 1798.*

La troisième est avec la lettre, c'est - à - dire
celle que nous avons détaillée.

Cette pièce, ainsi que la précédente,
font partie d'une suite de cinq pièces gravées par *Jos. et And. Schmutzer*, et *G. A.
Müller* d'après les tableaux peints par
Rubens qui se trouvent à Vienne dans la
gallerie du prince de Lichtenstein.

228. Buste d'un vieillard à grande barbe,
vu de face. Pièce marquée dans la marge
d'en bas: *Rubens pinx.* — *A. Bartsch sc.* —
*D'après le tableau original, qui est dans la
Galérie de S. A. Mgr. le Prince de Lichtenstein.* — *F. X. Stöckl excudit Viennae.*

Hauteur: 11 p. 3 lig. — Largeur: 8 p. 3 lig.

On a de ce morceau quelques épreuves avant
l'adresse de *Mr. Stöckl*, et avant les mots:
D'après le tableau original &c.

G. P. RUGENDAS, le père.

229—240. Différentes études de chevaux.
Suite de douze estampes numérotées à la
droite d'en haut.

Largeur: 8 p. 2 lig. — Hauteur: 5 p. 9 lig.

On a de ces douze estampes des épreuves avant
le numéro, et avant l'inscription sur le frontispice.

229). 1. Frontispice. Deux chevaux sellés
vus de profil et tournés l'un vers la
gauche, l'autre vers la droite. Ce dernier est placé sur un terrein inégale,
de manière que ses deux jambes de derrière sont plus haut que celles de devant. A la droite d'en bas est écrit:
A. 1699, et dans la marge on lit l'inscription suivante: ÉTUDES DE CHEVAUX.
*Dessinées par George Philippe Rugendas,
le père, et gravées à l'eau-forte par Adam
Bartsch. — A Nuremberg, chez J. F.
Frauenholz et Cⁿ 1802.*

230). 2. Deux chevaux sellés en regard.
Ces deux animaux diffèrent de Nr. 229,
en ce que celui à gauche est vu de trois
quarts, l'autre à droite de profil, et
qu'ils ont des étriers. A la droite d'en
bas est écrit: *A*. 1699.

231). 3. Deux chevaux bridés, mais sans
selles. Ils sont vus de profil et tournés

vers la gauche. A la droite d'en bas est écrit : A? 1698.

232). 4. Deux chevaux sellés qui se tournent le dos. Ils sont debout sur une colline et placés de manière que les jambes de derrière de l'un et de l'autre sont posés sur un terrein plus élevé que celle de devant. A la droite d'en bas est écrit : A? 1699.

233). 5. Deux chevaux sellés, vus de profil et tournés vers la gauche. L'un de ces animaux n'est gravé qu'au trait. A la droite d'en bas est écrit : A?. 1698.

234). 6. Deux chevaux sellés, le premier, à gauche, vu de profil, l'autre, à droite, vu par derrière. A la droite d'en bas est écrit : A? 1698.

235). 7. Deux chevaux sellés qui se tournent le dos, et dont celui à gauche est presque entièrement couvert d'ombres. Ces deux animaux diffèrent de Nr. 232, en ce qu'ils n'ont point de housses, et qu'ils sont placés sur un terrein égal.

G

236). 8. Deux chevaux sellés qui se tournent le dos. Ils sont bridés et sellés, mais n'ont point de housses. Il est à remarquer que chaque cheval n'a qu'une seule rêne.

237). 9. Deux chevaux en regard. Ils sont bridés et sellés, mais on ne leur voit point de housses. A la droite d'en bas est écrit: A? 1698.

238). 10. Deux chevaux, l'un vu presque par le dos, l'autre de face. A la droite d'en bas est écrit: A? 1699.

239). 11. Différens chevaux sur une plaine. On remarque un cheval couché sur le devant à droite. Cette pièce est au trait seul. Au milieu d'en bas est écrit : *G. P. Rug: del. et pinx A*? 1705 *adj 26. 9br.*

240). 12. Un sujet semblable, où se fait remarquer sur le devant à gauche un tronc d'arbre abattu. Ce morceau est pareillement gravé au trait. Au milieu d'en bas est écrit: *G. P. Rug: Invent. del. et pinx. A°. 1705. adj 26 9br.* *)

CORNEILLE SAFT - LEEVEN.

241. Tête d'un chien - loup vu presque de face. Vers la gauche d'en bas sont tracées les lettres *C. S..*, qui designent *Corneille Saft - leeven*, et l'année 1673. Dans la marge d'en bas on lit, à gauche: *Lievens delin,* (par erreur, au lieu de *Saft - leeven*) à droite: *Bartsch sc.*

Hauteur: 6 p..7 lig. — Largeur: 5 p. 4 lig.

On a de ce morceau des épreuves avant la lettre.

FRANÇOIS SNYERS.

242. Deux chiens terrassant un sanglier qui vient de blesser deux autres chiens dont on voit l'un à gauche, l'autre à droite. *Chasse au Sanglier. — Dessiné par V: Ki-*

---

*) Mr. de Bartsch a d'abord gravé huit couples de ces chevaux sur quatre planches dont chacune contient deux couples, et qu'il a ensuite coupées en huit planches. La Bibliothèque de la Cour possède des épreuves de ces quatre planches entières, lesquelles sont peut-être uniques.

ninger, *d'après le tableau de Snyers, qui se trouve dans la collection des Editeurs.* — *Gravé par A: Bartsch.* — *A Vienne au Bureau d'Industrie.*

Largeur: 19 p. 9 lig. — Hauteur : 15 p. 10 lig.

On a de ce morceau des épreuves avant la lettre.

GÉRARD TERBURG.

243. Portrait en buste de Terburg, vu de face. Il a l'air riant et sa tête est couverte d'un grand chapeau rond. On lit en bas : *Terburg.* — *se ipsum del.* — *A. Bartsch sc.*

Hauteur : 6 p. — Largeur : 4 p. 6 lig.

On a de cette estampe quelques épreuves avant la lettre.

ADRIEN VAN DE VELDE.

244—249. Différens animaux gravés d'après des tableaux de différens maîtres hollandois. Suite de six pièces numérotées à la droite d'en haut.

Largeur: 11 p. 9 lig. — Hauteur : 9 p. 3 lig.

On a de ces six estampes des épreuves avant la lettre et avant le numéro.

244). 1. Un chien dormant couché près

d'un mur délabré. *And.* (par erreur,
au lieu de *Adr.*) *van de Velde p.* — *M.
Molitor regiunculam inv. et del.* — *A.
Bartsch fc.*

245). 2. Un méchant cheval de charrue,
vu de profil et dirigé vers la gauche.
Dans une prairie. *Henr. Verschuuring p.*
— *M. Molitor regiunculam inv. et del.* —
A. Bartsch fc.

246). 3. Un chien et un chat qui se montrent les dents, l'un vis-à-vis de l'autre.
Au milieu du fond s'élève une souche
sèche. — *P. Potter p.* — *M. Molitor regiunculam inv. et del.* — *A. Bartsch fc.*

247). 4. Un vieux chien vu presque de
profil et dirigé vers la droite. Il est debout près d'une espèce de chénil. — *P.
Potter p.* — *M. Molitor regiunculam inv.
et del.* — *A. Bartsch fc.*

248). 5. Un taureau et une vache qui s'a-
breuvent dans un ruisseau. — *Theodor.
van Bergen p.* — *M. Molitor regiunculam
inv. et del.* — *A. Bartsch fc.*

249). 6. Deux chevaux de charrue harnachés, vus de profil et attachés à une espèce de haie. — *Van Bloemen pinx.* — *M. Molitor riglunoulam inv. et del.* — *A. Bartsch fc.*

Un paysan appuyé sur son bâton parlant à une femme qui porte un panier.

Un homme enveloppé d'un manteau, monté à cheval.

Ces deux pièces gravées d'après des estampes originales d' *A. van de Velde*, voyez sous l'article de *P. Potter.* Nr. 161 et 162.

Une vache couchée, vue de trois quarts et dirigée vers la gauche.

Groupe de deux vaches et de deux moutons couchés en avant d'un mur délabré.

Ces deux estampes gravées d'après des desseins de *Van de Velde*, voyez sous l'article de *J. H. Roos*, Nr. 221 et 222.

HENRI VERSCHUURING.

Un méchant cheval de charrue, vu de profil et dirigé vers la gauche. Dans une prairie. Voyez *A. van de Velde*. Nr. 245.

CORNEILLE VISSCHER.

250. Portrait d'un vieillard, vu de trois quarts et dirigé vers la droite. Il porte deux moustaches sur la lèvre supérieure et une au menton. Il est couvert d'un bonnet de Mezedin. LE MORGUEUR. *C. Vifscher inv. Ex Coll. Princ. C. de Ligne.* — *A. Bartsch sc.* 1787.

Hauteur: 6 p. 7 lio — Largeur: 4 p. 10 lig.

On a de ce morceau quelques épreuves avant la lettre.

251. Sorcière à mi - corps, ayant l'air de partir pour le sabat. On lit à la droite d'en bas, en dedans de la bordure : *A. Bartsch sculp:*, et dans la marge : DEPART DE LA SORCIERE. *C.. Vifscher inv. Ex Coll. Princ. Car. de Ligne. A. Bartsch sc.* 1786.

Hauteur: 9 p. 3 lig. — Largeur : 6 p. 3 lig.

Epreuve d'essai avant l'inscription dans la marge

d'en bas, et avant la second trait de bordure plus foncé. On lit en lettres gravées à l'eau-forte à la droite d'en bas : *A. Bartsch sculp :*, et à la gauche d'en haut : *C. Visscher del :* nom effacé dans les épreuves avec la lettre.

252. Un garçon de paysan, un genou en terre, près d'un tonneau, regardant avec un air de plaisir dans une cruche qu'il tient de ses deux mains. On lit à la droite d'en haut : *C Visscher fecit :*, et à la gauche d'en bas, en dedans de la bordure : *Bartsch sculp :* Dans la marge est écrit : LA JOIE DE LA CAVE, *Corn. Visscher inv.* — *Ex Coll. Princ. Car. de Ligne.* — *A. Bartsch sc.* 1786.

Hauteur : 13 p. 5 lig. — Largeur : 9 p. 1 lig.

On a de cette estampe quelques épreuves avant l'inscription dans la marge d'en bas.

JEAN BAPTISTE WEENIX.

Un troupeau composé de trois moutons, d'un bélier et d'une chèvre se reposant au pied d'un arbre rabougri chichement feuillu.

Un puits délabré autour duquel on voit
jettés par terre plusieurs ustenciles

Ces deux pièces gravées d'après des
desseins de ce maître, voyez sous l'article de *J. van der Meer*, Nr. 142 et 143.

Un taureau vu presque par derrière et
dirigé vers la droite du fond.

Un homme assis faisant des caresses à
un grand chien qu'il a auprès de lui.

Ces deux pièces gravées d'après des
estampes originales de *I. B. Weenix*, voyez
sous l'article de *P. Potter*, Nr. 165 et 166.

PHILIPPE WOUWERMANS.

253. Trois chevaux au pâturage. On remarque vers le fond une villageoise assise
près d'un homme couché sur le ventre. --
Les Chevaux en Repos. — *Ph. Wouwermans
pinxit.* — *A. Bartsch sculpt.* 1808. — *Tiré
du Cabinet de Mr. le Comte de Fries. A
Mannheim chez Dom: Artaria.*

Largeur: 12 p. 9 lig. — Hauteur: 10 p. 10 lig.

On a de ce morceau trois sortes d'épreuves.

La première est avant la lettre.

La seconde porte en lettres non remplies les noms suivans : *Phil. Wouwermans pinx. — A. Bartsch sc.* 1808.

La troisième est celle que nous avons détaillée.

Un cheval gris tisonné debout près de deux garçons, dont un le tient par le licou. Voy. *T. Kamphuizen.* Nr. 129.

Un cheval debout, vu de profil et dirigé vers la droite. Voyez *P. Potter.* Nr. 467.

B. Maîtres italiens.

ANTOINE ALLEGRI, dit CORREGGIO.

254. Cupidon en l'air. Dans le goût d'un dessein à la pierre noire, sur papier de couleur, rehaussé de blanc. *Ant. Correggio del. Ex Coll. Princ. C. de Ligne. A. Bartsch sc. 1788.*

Hauteur: 13 p. 5 lig. — Largeur: 7 p. 6 lig.

On a de ce morceau des épreuves postérieures sans la seconde planche qui présente le papier de couleur et les rehauts.

FRANÇOIS BARBIERI, dit GUERCINO DA CENTO.

255 — 260. Différentes estampes gravées dans le goût de desseins terminés à la plume. Suite de six pièces numérotées au bas de la planche.

255). Le portrait d'un homme à mi-corps, montrant de la main droite l'argent qu'il vient de compter sur une table. *Guercino da Cento del: — A. Bartsch sculps.* 1782.

Hauteur : 11 p. 6 lig. — Largeur : 9 p. 11 lig.

256). 2. Buste d'un vieillard à grande barbe, faisant signe de la main gauche vers la droite de l'estampe. *Guercino da Cento del: — A Bartsch sc: 1782.*

Largeur : 9 p. 2 lig. — Hauteur : 8 p. 3 lig.

257). 3. Le prophète Isaïe assis devant une table. Il paroît être occupé des choses qu'il va prédire. Un ange avec les bras élevés tient une banderole, sur laquelle on lit ces paroles : ECCE VIRGO, qui font le commencement du 7: chapitre, 14 vers des prophéties d'Isaïe.

Guereino da Cento inv. — A. Bartsch sc.
1783. Marc.

Hauteur : 11 p. 7 lig. — Largeur : 10 p. 11 lig.

258). 4. Vieillard à grande barbe, assis
et écrivant dans un grand livre. *Guer-*
eino inv. — A. Bartsch sc. 1783. D'après
le Dessein original, qui se trouve dans la
Collection de la Bibliothèque Impl. et Royl.
de Vienne.

Hauteur : 11 p. 8 lig. — Largeur : 10 p. 8 lig.

259). 5. Paysage où l'on remarque sur
le devant à gauche deux hommes marchant d'un pas précipité près d'une butte
surmontée de deux arbres. *Guereino da*
Cento del: — A. Bartsch sc. 1783.

Largeur : 10 p. 11 lig. — Hauteur : 8 p. 2 lig.

260) 6. Autre paysage offrant la vue
d'une citadelle située au bord d'une
rivière. *Guereino da Cento del: — A.*
Bartsch sc. 1783.

Largeur : 9 p. 8 lig. — Hauteur : 6 p.

261 —301. Différentes études. Suite de
quarante estampes.

SUJETS DE LA BIBLE.

261). Dieu le père à mi-corps, tenant le globe de la terre de ses deux mains. *Guercino del. — A. Bartsch sc.*

Largeur : 9 p. 10 lig. — Hauteur : 9 p. 1 lig.

262). Etude pour une Rebecca, tenant de ses deux mains un seau. *Guercino del. — A. Bartsch sc.*

Hauteur : 8 p. 10 lig. — Largeur : 6 p.

263). Etude d'une femme de Putiphar dans l'attitude de vouloir retenir le chaste Joseph. *Guercino da Cento Inv. — A. Bartsch sc.* 1800.

Hauteur : 12 p. 11 lig. — Largeur : 9 p. 5 lig.

264). Etude pour la femme accusée d'adultère. Elle est représentée les mains croisées sur la poitrine. *Guercino da Cento inv. — A. Bartsch sc.*

Hauteur : 10 p. 6 lig. — Largeur : 7 p. 3 lig.

265). Jésus Christ au mont Olivet, tenant le calice que l'ange qui porte les instrumens de la passion vient de lui présenter. — *Guercino del. — A. Bartsch sc.*

Hauteur : 11 p. 4 lig. — Largeur : 8 p. 9 lig.

266). Jésus Christ présenté au peuple. Il
est au milieu de Pilate et d'un soldat
juif qui relèvent son manteau. Figures
en demi-corps.

Largeur: 12 p. 8 lig. — Hauteur: 10 p. 9 lig.

VIERGES.

267). La Ste. Vierge vue de profil et à
mi-corps, lisant dans un livre. *Guercino da Cento inv. — A. Bartsch sc.*

Hauteur: 11 p. 1 lig. — Largeur: 8 p. 11 lig.

268). La Ste. Vierge assise près d'une
espèce de table, ayant sur ses genoux
l'enfant Jésus qui regarde le petit St.
Jean. On remarque sur la table une
écuelle et quelques fruits. *Guercino da
Cento inv. — A. Bartsch sc. 1800.*

Hauteur: 9 p. 4 lig. — Largeur: 9 p. 1 lig.

Epreuve d'essai tirée de la planche avant qu'elle
ait été diminuée en bas.

Cette épreuve a 11 p. 3 lig. de hauteur.

269). La Ste. Vierge à mi-corps, avec
l'enfant Jésus qui est debout devant elle.
Pièce très légèrement croquée. *Guercino
del. — A. Bartsch sc. 1804.*

Hauteur: 10 p. 5 lig. — Largeur: 8 p. 1 lig.

270). La Ste. Vierge ayant entre ses bras l'enfant Jésus qui n'est marqué que presque au trait. *Guercino da Cento inv.* — *A. Bartsch sc.*

Hauteur : 10 p. 6 lig. — Largeur : 7 p. 5 lig.

271). La Ste. Vierge debout près de l'enfant Jésus qui est assis sur un lit, et qui tient un bouquet de fleurs de la main gauche élevée. *Guercino da Cento inv.* — *A. Bartsch sculp.*

Hauteur : 11 p. 4 lig. — Largeur : 9 p. 4 lig.

272). La Ste. Vierge debout, ayant l'enfant Jésus sur ses bras. — *Guercino da Cento inv.* — *Adam Bartsch sc.*

Hauteur : 11 p. 9 lig. — Largeur : 9 p. 2 lig.

273). L'enfant Jésus à qui la Ste. Vierge baise la main. *Guercino del.* — *A. Bartsch sc.* 1804.

Hauteur : 11 p. 9 lig. — Largeur : 9 p. 6 lig.

274). La Ste. Vierge assise sur des nues, ayant sur ses genoux l'enfant Jésus donnant de la main droite la bénédiction. D'après un des plus beaux des-

seins que l'on connoisse du *Guerchin.*
Guereino da Cento del. — *A. Bartsch sc.*

Hauteur : 14 p. 6 lig. — Largeur : 10 p. 7 lig.

SAINTS.

275). La Ste. Vierge assise sur un endroit
élevé. A ses pieds est St. Pierre à genoux et St. Paul assis et écrivant dans
un livre. *Guercino del.* — *A. Bartsch sc.*

Hauteur : 9 p. 7 lig. — Largeur : 7 p. 6 lig.

276). Un Saint religieux adorant l'enfant
Jésus que la Ste. Vierge a sur ses genoux. On remarque un ange derrière la
Ste. Vierge. *Guercino del.* — *A. Bartsch
sc.* 1805.

Hauteur : 11 p. 5 lig. — Largeur : 8 p. 3 lig.

277). St. Pierre en pleurs se repentant
d'avoir renié son maître. A mi-corps.
Guercino del. — *A. Bartsch sc.* 1805.

Hauteur : 11 p. 6 lig. — Largeur : 8 p.

278). St. Jérôme assis devant une table
et écrivant ses saints livres. Vu jusqu'aux
genoux.

Hauteur : 11 p. 5 lig. — Largeur : 8 p. 10 lig.

279). Le même Saint représenté contemp-

H

lant un crucifix qu'il tient de ses deux mains. A mi-corps. *Guercino del.* — *A. Bartsch sc.* 1805.

Hauteur : 12 p. 4 lig. — Largeur : 8 p. 7 lig.

280). Groupe de St. André et de deux autres apôtres, à mi-corps. Au bas de ce dessein on remarque une étude de trois enfans. *Guercino da Cento inv.* — *A. Bartsch sc.* 1803.

Largeur : 10 p. 5 lig. — Hauteur : 8 p. 9 lig.

281). St. Jean Baptiste priant dans le désert. *Guercino inv.* — *A. Bartsch sc.* 1804.

Largeur : 13 p. 11 lig. — Hauteur : 12 p. 6 lig.

SUJETS DE L'HISTOIRE ET DE LA FABLE.

282). L'empereur Auguste debout devant Cléopatre qui est à genoux devant lui. Esquisse légère. *Guercino del.* — *A. Bartsch sc.* 1807.

Largeur : 16 p. — Hauteur : 11 p. 3 lig.

283). Cléopatre se donnant la mort avec un aspic. *Guercino da Cento inv.* — *A. Bartsch sc.*

Hauteur : 11 p. 6 lig. — Largeur : 9 p.

284). Tancrède et Clorinde. *Guercino da Cento del. — A. Bartsch sc.*

Largeur: 11 p. 3 lig. — Hauteur: 9 p.

285). Eris, déesse de la Discorde en l'air. Elle est accompagnée de l'Amour et d'un Génie qui porte le globe céleste. *Guercino da Cento del. — A. Bartsch sc. 1801.*

Largeur: 11 p. 8 lig. — Hauteur: 9 p.

286). Andromède censée être attachée à un rocher dans le moment où un monstre marin veut l'engloutir. *Guercino da Cento inv. — A. Bartsch sc.*

Largeur: 12 p. 11 lig. — Hauteur: 9 p. 5 lig.

287). L'Amour brulant son arc et ses flèches. *Guercino del. — A. Bartsch sc. 1805.*

Hauteur: 10 p. 7 lig. — Largeur: 8 p. 9 lig.

288). L'Amour tirant des flèches de son carquois. *Guercino da Cento inv. — A. Bartsch sculp.*

Hauteur: 11 p. 2 lig. — Largeur: 8 p. 11 lig.

TÊTES.

289). Un homme vu de profil et à mi-corps, supposé prendre un livre d'un

H 2

rang de sa bibliothèque. *Guercino del.*
— *A. Bartsch sc.*

Hauteur : 8 p. 8 lig. — Largeur : 7 p. 1 lig.

290. Ce même dessein gravé antérieurement, mais dont Mr. de Bartsch a supprimé la planche, parceque l'eau - forte
y avoit trop foiblement mordue. On n'a
tiré de cette planche que trois seules
épreuves. On lit en bas , à gauche:
Guercino da Cento del. , à droite : *A.
Bartsch sculp.*

Même dimension.

291). Buste d'homme, vu presque de face.

Hauteur : 10 p. 4 lig. — Largeur : 7 p. 8 lig.

292). Prêtre tenant un bénitier et un
aspersoir. *Guercino del. — A. Bartsch sc.*
1804.

Hauteur : 10 p. 4 lig. — Largeur : 8 p.

293). Un homme à grande barbe, ayant
devant lui un livre ouvert. *Guercino del.*
— *A. Bartsch sc.* 1804.

Hauteur : 10 p. 9 lig. — Largeur : 8 p. 10 lig.

294). Un homme à mi - corps en cuirasse,
tenant un verre à la main. *Guercino da
Cento inv. — A. Bartsch sc.* 1800.

Hauteur : 11 p. 3 lig. — Largeur : 9 p.

DIFFÉRENTS AUTRES SUJETS.

295). Un enfant assis près d'un vase.
Guercino del. — A. Bartsch sc. 1805.
Hauteur : 10 p. 4 lig. — Largeur : 8 p. 1 lig.

296). Enfant nud assis sur une pierre et
tenant un drap de la main droite élevée.
Guercino inv. — A. Bartsch del. et sc.
1805.
Hauteur : 10 p. 6 lig. — Largeur : 10 p. 5 lig.

297). Enfant nud vu par le dos et ayant
le visage couvert d'un manteau qu'il
tient de ses deux mains. *Guercino da
Cento inv. — A. Bartsch sc.*
Hauteur : 10 p. 10 lig. — Largeur : 7 p. 1 lig.

298). Un vieil apothicaire instruisant un
garçon de sa profession. *Guercino del.
— A. Bartsch sc.* 1805.
Hauteur : 11 p. — Largeur : 8 p. 7 lig.

299). Jeune femme assise, ayant sa tête
appuyée sur la main droite. Dans une
espèce d'angle. *Guercino da Cento inv.
— A. Bartsch sc.* 1800.
Hauteur : 11 p. 3 lig. — Largeur : 9 p.

300). Un enfant, un genou en terre,

tendant les mains vers un oiseau qui vient de lui échapper. *Guercino del.* — *A. Bartsch sc.* 1805.

Hauteur : 12 p. 5 lig. — Largeur : 10 p.

301). Enfant nu à mi-corps, penché en avant. *Guercino del.* — *A. Bartsch sc.*

Largeur : 6 p. 10 lig. — Hauteur : 5 p. 10 lig.

302. Dieu le père à mi-corps, ayant la main gauche posée sur le globe de la terre et donnant de l'autre la bénédiction. *Guercino del.* — *A. Bartsch sc.* 1807.

Hauteur : 9 p. 2 lig. — Largeur : 7 p. 8 lig.

303. La Ste. Vierge à genoux, vue de profil et ayant entre ses bras l'enfant Jésus. *Guercino da Cento inv.* — *A: Bartsch sc.* 1800.

Epreuve à l'eau-forte seule d'une planche que Mr. de Bartsch n'a jamais achevée, et dont il n'a fait tirer qu'une couple d'épreuves. Ce n'étoit qu'après l'avoir gravée que Mr. de Bartsch a trouvé l'estampe de *François Bartolozzi* d'après le même dessein. Il a jugé à propos de ne pas répéter un dessein qui étoit déjà exécuté d'une manière excellente.

Hauteur : 11 p. 2 lig. — Largeur : 9 p.

304. La Ste. Vierge assise sur un endroit élevé, ayant devant elle l'enfant Jésus debout. St. François Xavier, vu à mi‑corps et presque par le dos, est à genoux devant elle. Vers le milieu d'en haut on voit deux têtes de Chérubins. Gravé en 1789. Cette planche, où l'eau‑forte a manquée, a été supprimée. On n'en a tiré qu'une couple d'épreuves.

Hauteur: 12 p. 6 lig. — Largeur: 9 p. 3 lig.

305. La Ste. Vierge assise, ayant devant elle l'enfant Jésus nud, qui montre le dos. Pièce rare.

Hauteur: 14 p. 1 lig. — Largeur: 9 p. 7 lig.

306. Deux enfans assis auprès d'un cartouche. Celui à gauche n'est que très légèrement indiqué. L'autre vu de face et posant sa main gauche sur le cartouche est plus fini. *Guercino del. — A. Bartsch sc.*

Largeur: 8 p. 9 lig. — Hauteur: 5 p. 3 lig.

Cette épreuve à l'eau‑forte seule vient d'une planche supprimée. On n'en a tiré qu'une couple d'épreuves.

307. Un ange couché sur des nues. Dans le

goût d'un dessein à la sanguine. *Fr. Bar-*
bieri vulgo Guercino del. — Ex Coll. Princ. C.
de Ligne. — A. Bartsch sc: 1787.

Largeur : 10 p. 4 lig. — Hauteur : 8 p. 1 lig.

On a de ce morceau quelques épreuves moins
terminées qui se font connoître en ce que le
dos, le bras et la cuisse de l'ange sont en blanc,
tandisque dans les épreuves postérieures ces
parties du corps sont terminées.

FRÉDÉRIC BAROCCIO.

308 — 313. Estampes gravées d'après des
desseins originaux de différens maîtres
Italiens. Suite de six pièces numérotées
à la droite d'en bas.

308). 1. Les fiançailles de la Ste. Vierge.
Federico Baroccio del: — A. Bartsch sc:
1782. Dans le goût d'un dessein à la
plume lavé au bistre.

Largeur : 12 p. 9 lig. — Hauteur : 8 p. 7 lig.

309). 2. La Ste. Trinité entourée de plusieurs anges qui tiennent les différens
instrumens de la passion de Jésus Christ.
Federico Zuccaro del: — A. Bartsch sc:
1782. Dans le même goût.

Hauteur et Largeur : 8 p. 1 lig.

310). 3. Jésus Christ en prières au mont des Olives, consolé par l'ange. *Lud: Caracci. del: — A: Bartsch sc: 1786.* Dans le goût d'un dessein à la plume, lavé au bistre, sur papier de couleur et rehaussé de blanc.

Largeur : 11 p. 10 lig. — Hauteur : 8 p. 7 lig.

311). 4. L'enlèvement de Proserpine. On lit à la gauche d'en bas le mot *Guido*, et sur la bordure : *Guido Reni del : — A. Bartsch sc.* 1782. Dans le goût d'un dessein fait à la plume.

Largeur : 11 p. 8 lig. — Hauteur : 10 p. 10 lig.

Epreuve d'essai avant la bordure qui est ce que l'on appelle un passe - par - tout. On lit dans la marge d'en bas : *D'après le Deſſein original de Guido Reni qui se trouve à la Bibliothèque Imp. et Royl: de Vienne. Gravé par Adam Bartsch* 1782. Elle a été ôtée dans la suite.

Cette épreuve a 8 p. 10 lig. de largeur sur 8 p. de hauteur.

312). 5. Ste. Madelaine transportée au ciel par des anges. On lit à la gauche d'en bas : *Guido Cagnazzi*, et sur la bordure : *Guido Canlaſſi dit Cagnacci del* ; —

A. Bartsch sc: 1782. Dans le goût d'un dessein à la plume lavé au bistre.

Hauteur : 11 p. 7 lig. — Largeur : 9 p. 6 lig.

313). 6. St. Jean l'Evangéliste en extase assis au pied d'un arbre. *Luca Giordano del:* — *A. Bartsch sc.* 1782. Dans le même goût.

Hauteur : 16 p. 8 lig. — Largeur : 11 p. 11 lig.

314. La Ste. Vierge debout sur des nues. *Frid. Barozio del. Ex Coll. Princ. Car. de Ligne. A. Bartsch sc.* 1787. Dans le goût d'un dessein fait aux deux crayons.

Hauteur : 13 p. 11 lig. — Largeur : 10 p. 1 lig.

On a de ce morceau des épreuves postérieures où l'une et l'autre planche sont imprimées en noir.

Epreuve d'essai, sur laquelle on lit en lettres gravées à l'eau-forte : *Frederic Barocci del:* — *Ex Coll: Princip: Car: de Ligne.* — *A: Bartsch f:* Cette épreuve est renfermée par un trait de bordure, lequel ainsi que les lettres ont été effacés depuis.

PIERRE BUONACORSI, dit PERINO DEL VAGA.

315. Etude pour un massacre des innocens,

où l'on a représenté une mère au désespoir prosternée près de son enfant. Epreuve unique d'une planche qui a été supprimée, parcequ'elle n'a pas réussi à l'opération de l'eau-forte. Elle a été faite à l'imitation d'un dessein à la plume sur papier brun rehaussé de blanc.

Largeur : 8 p. 1 lig. — Hauteur : 6 p. 1 lig.

PAUL CALIARI, dit VERONESE.

316. Etude de la Ste. Vierge à genoux en prières au moment que l'ange vient lui annoncer le mystère de l'incarnation. *Paul. Caliari Veronens. del. — Ex Coll. Princ. C. de Ligne. — A. Bartsch sc.* 1786.

Hauteur : 8 p. 5 lig. — Largeur : 6 p. 8 lig.

Epreuve d'essai avant l'inscription dans la marge d'en bas. On lit en bas, en dedans de la bordure, en lettres gravées à l'eau-forte, à gauche : *Paul: Veronese del*, à droite : *A. Bartsch sc: 1786.*, et à la droite d'en haut : *Ex Coll Princ Car: de Ligne.* Ces inscriptions ont été effacées dans les épreuves avec la lettre.

GUIDO CANLASSI, dit CAGNACCI.

Ste. Madelaine transportée au ciel par des anges. Voyez *Frédéric Baroccio.* Nr. 312.

ANNIBAL CARRACCI.

317. La Ste. Vierge debout ayant l'enfant Jésus sur ses bras. -- *Annib. Carracci inv. A. Bartsch sc.* 1804.

Hauteur : 12 p. 11 lig. — Largeur : 8 p. 11 lig.

318. Ste. Catherine de Sienne en extase devant le crucifix qui lui parle. *Annib. Carracci inv.* — *A. Bartsch sc.* 1804.

Hauteur : 11 p. 5 lig. — Largeur : 8 p. 7 lig.

319. Anchise et Dione assis sur le lit nuptial, l'un à côté de l'autre accompagnés de l'Amour. Cette planche qui n'a pas été achevée, n'existe plus. Elle est des commencemens de notre artiste.

Hauteur : 6 p. — Largeur : 4 p. 10 lig.

320. Deux hommes couverts de manteaux, à genoux, vus presque par le dos. *Annib. Carraccio del.* — *Ex Coll. Princ. Car. de Ligne.* — *A. Bartsch sc.* 1787. Dans le goùt d'un dessein à la plume lavé d'eau de sanguine.

Hauteur : 9 p. 8 lig. — Largeur : 7 p. 9 lig.

On a de ce morceau quelques épreuves avant la lettre.

LOUIS CARRACCI.

321 L'enfant Jésus couché sur les bras de
la Ste. Vierge supposée et encensée par
deux anges. Dans la marge d'en bas est
écrit: *D'après le Dessa....ginal de Louis
Carracci qui se trouve à la Bibliothèque Imp:
et Royl: de Vienne gravé par Ad. Bartsch
1782.*

Largeur: 7 p. 5 lig. — Hauteur: 5 p. 5 lig.

Cette planche n'a jamais été achevée.
Elle fut supprimée, après qu'on n'en eut
tiré qu'un très petit nombre d'épreuves.

Jésus Christ en prières au mont des
Olives, consolé par l'ange. Voy. *F. Baroc-
clo.* Nr. 310.

FRANÇOIS CASANOVA.

322. Oczakow pris d'assaut par les Russes
sous le commandement du prince de Potemkin. Dans la marge d'en bas sont les
armes de l'empire de Russie et les inscriptions suivantes: *Peint par François Casanova.
— Gravé par Adam Bartsch à Vienne 1792.
— Attaque d'un des côtés de la forteresse*

d'Oczakow prise et emportée d'assaut par les
troupes Russes, commandés par le feldmaréchal
Prince de Potemkin. — Dédié à sa Majesté
Catherine II. Impératrice de toutes les Russies.
Par son très heumble très obéissant et très sou-
mis serviteur François Casanova. — Le Tableau qui porte 11 pieds de haut, et 15 pieds, 8
pouces de Large., est dans le Cabinet du Prince
de Potemkin. Il a été exécuté d'après les plans
qu'il a envoyé lui même au Peintre.

Largeur: 17 p, 11 lig. — Hauteur: 14 p. 2 lig.

On a de ce morceau des épreuves avant la lettre.

JOSEPH CESARI D'ARPINO.

323. Etude d'une Minerve tenant une lance
de la main droite élevée, et s'appuyant
du bras gauche sur l'Égide. Cette planche,
dont l'eau-forte a manquée, a été supprimée après qu'on n'en eut tiré qu'une demi-
douzaine d'épreuves. Giuseppe Cesare d'Ar-
pino inv: — Adam Bartsch sc: 1786.

Hauteur: 12 p. 5 lig. — Largeur: 8 p. 7 lig.

LUCAS GIORDANO.

St. Jean l'Evangéliste en extase assis

au pied d'un arbre. Voyez *Frédéric Baroccio* Nr. 313.

CHARLES MARATTI.

324. Jésus Christ rendant la vie au fils de la veuve de Naïm. On lit en bas, en dedans du trait de bordur , à gauche : *C. Maratti del:*, à droite : *A. Bartsch sc:* 1786., et au milieu un chiffre composé des lettres *C. L.* et suivie du mot *excud.*, c'est-à-dire : *Carolus Ligne excudit.* Hors du trait est écrit : *Car. Maratti del. — Ex Coll. Princ. C. de Ligne. — A. Bartsch sc.* 1786. Dans le goût d'un dessein lavé au bistre, sur papier de couleur et rehaussé de blanc.

Hauteur : 9 p, 9 lig. — Largeur : 8 p, 6 lig.

On a de cette estampe quelques épreuves avant l'inscription dans la marge d'en bas.

325. Jésus Christ en prières au mont des Olives. Il est à genoux, vu de face et tenant les mains élevées. On voit en haut quatre anges dans un clair, portant les instrumens de la passion. Dans le fond à gauche on remarque trois disciples qui dorment, et à droite Judas et un soldat

qui entrent par une porte. Cette planche
gravée en 1789, dont l'eau - forte a manquée, a été supprimée après qu'on n'en
eût tiré qu'une couple d'épreuves.

Hauteur : 10 p. 6 lig. — Largeur : 6 p. 10 lig.

326. Le portrait d'Antoine Allegri, dit Correggio, vu de profil. Il est debout devant
un pupitre, occupé à dessiner. On lit à
gauche sur une table : ANTONIUS. ALLEGRI.
——— OBIIT. ANNO. MDXXXIIII., et en bas :
Car. Maratti del. — *Ex Coll. Princ. Car. de
Ligne.* — *A. Bartsch sc.* 1787.

Hauteur : 12 p. 11 lig. — Largeur : 9 p. 9 lig.

Il est à remarquer que ce dessein n'est
qu'une copie d'un portrait d'Erasme de
Roterdam , gravé par *A. Durer*, et que
Charles Maratti n'en a changé que la tête ;
de plus, que les deux desseins dont l'un
représente la Vierge gravée par *François
Spierre*, et l'autre une des quatre estampes
gravées par *Sixte Badalocchio* d'après les
peintures du dôme de Parme , ont été
ajoutés par *A. de Bartsch.*

FRANÇOIS MAZZUOLI dit le PAR- MESAN.

327—332. Différentes estampes Suite de six pièces numérotées à la droite d'en bas.

327). 1. Le corps de Jésus Christ porté dans le tombeau par les disciples. *Parmeggianino del.* — *A. Bartsch sc.* 1784. Dans le goût d'un dessein à la plume, lavé au bistre, sur papier de couleur et rehaussé de blanc.

Hauteur: 12 p. 2 lig. — Largeur: 10 p. 11 lig.

328). 2. Le corps de Jésus Christ mis au sépulcre par ses disciples en présence des saintes femmes. *Parmeggianino del.* *A: Bartsch sc* 1784. Dans le goût de la pièce précédente.

Largeur: 14 p. 6 lig. — Hauteur: 13 p. 4 lig.

Epreuve d'essai au trait seul.

329). 3. Tête de Moïse vu de face. *Parmeggianino del:* — *A: Bartsch sc:* 1785. Dans le goût d'un dessein fait à la sanguine.

Hauteur: 9 p. 7 lig. — Largeur: 7 p. 6 lig.

Epreuve d'essai avant le lavis dans le cadre.

I

330). 4. Le mariage d'Alexandre le Grand avec Roxane après la prise de Bactriane. *Parmeggianino del : — A : Bartsch sc : 1785.* Dans le goût d'un dessein à la plume, lavé au bistre, sur papier de couleur et rehaussé de blanc.

Hauteur : 13 p. 5 lig. — Largeur : 10 p. 7 lig.

331). 5. Etude de trois hommes nuds. Pièce dans le goût des peintures antiques d'Herculanum. *Parmeggianino del: — A. Bartsch sc.* 1784. Gravé dans la manière de l'estampe précédente.

Hauteur : 11 p. 7 lig. — Largeur : 9 p. 9 lig.

332). 6. Etude d'un jeune homme nud, vu par le dos. *Parmeggiano del: — A Bartsch sc:* 1784. Dans le goût d'un dessein fait à la sanguine.

Hauteur : 10 p. 11 lig. — Largeur : 7 p. 11 lig.

On a de ce morceau de premières épreuves avant la bordure.

333. La Ste. Vierge séchant du linge près d'un feu supposé en regardant l'enfant Jésus qui est debout à son côté. On remarque dans le fond St. Joseph et un

ange. En bas on lit : *La Sainte Famille.* —
Dessiné par le Parmesan. — *Gravé par A.*
Bartsch. — *Le Dessin original se trouve à la*
Bibliothèque I. et R. de Vienne.

Hauteur : 9 p. 4 lig. — Largeur : 7 p. 4 lig.

On a de cette estampe quelques épreuves avant
la lettre.

334. La Ste. Vierge assise sur des nues,
ayant devant elle l'enfant Jésus. *Parme-*
gianino del. — *A. Bartsch sc.* 1806.

Hauteur : 10 p. 8 lig. — Largeur : 8 p. 7 lig.

335. Etude d'une martyre à genoux, tenant
un livre de la main droite et de l'autre une
palme. *Parmesan.* — *Adam Bartsch sc.*

Hauteur : 5 p. 11 lig. — Largeur : 3 p. 9 lig.

Epreuve d'essai moins terminée, avant les deux
ombres portées à côté de la figure.

Les épreuves de cette pièce sont très
rares, vu que la planche s'est égarée après
qu'on n'en eût tiré qu'un très petit nombre
d'épreuves.

336. Mutius Scévola posant sa main sur le
brasier. *Fr. Parmensis inv.* — *Ex Coll. Princ.*
C. de Ligne. — *A. Bartsch sc.* 1786.

Hauteur : 7 p. 4 lig. — Largeur : 5 p. 2 lig.

Epreuve d'essai sur laquelle on lit en lettres gravées à l'eau-forte : *Parmegianino del.* — *A.*
Bartsch sculp. Ces noms ont été effacés dans
les épreuves postérieures avec la lettre.

337. Le jeune Bacchus assis sur une pierre
et tenant une écuelle remplie de vin. Il
est accompagné d'un petit Satyre qui
cueille des grappes de raisins. *Parmegiano*
del. — *A. Bartsch sc.*

Hauteur : 4 p. 7 lig. — Largeur : 3 p. 3 lig.

338. Un jeune homme embrassant sa maîtresse assise à son côté. Dans un fond de
paysage. *Fr. Parmensis inv.* — *Ex Coll.*
Princ. C. de Ligne. — *A. Bartsch sc.* 1786.

Hauteur : 6 p. 3 lig. — Largeur : 4 p. 9 lig.

Epreuve d'essai sur laquelle on lit : *Fr. Parme-*
gianino inv. — *A. Bartsch sc.* Ces noms écrits
en lettres gravées à l'eau-forte ont été effacés
dans les épreuves postérieures avec la lettre.

339. Etudes de douze différentes têtes
d'hommes et de femmes. *Franc. Mazzuola*
del. — *Ex Coll. Princ C. de Ligne.* — *A.*
Bartsch sc. 1786. Dans le goût d'un dessein
à la plume.

Hauteur : 7 p. 4 lig. — Largeur : 6 p. 8 lig.

Epreuve d'essai sur laquelle on lit : *Parmegia-*

nino del; — *A. Bartsch sculp* : 1786. Ces noms
tracés à la pointe-sèche ont été effacés dans les
épreuves postérieures avec la lettre.

340. **Deux guerriers précédés de trois lions,
combattant contre deux hommes qui se
couvrent de leurs boucliers.** *Franc. Mazzuola. Parm. del.* — *A. Bartsch so.* 1804.
**Dans le goût d'un dessein léger fait à la
plume.**

Hauteur : 8 p. 10 lig. — Largeur : 7 p. 4 lig.

BARTHÉLEMI MURILLO.

341. **La Ste. Vierge vue de face et à mi-
corps, ayant entre ses mains l'enfant Jésus assis sur une table, qui met son bras
droit autour du cou du petit St. Jean-
Baptiste. Dans une forme ovale, en dedans de laquelle on voit à mi-hauteur du
côté gauche le monogramme de** *B. Murillo.*
Hors de cet ovale on lit, à gauche :
B. Murillo inv., **à droite :** *A. de Bartsch so.*
1815.

Hauteur : 10 p. 6 lig. — Largeur : 8 p. 5 lig.

342. **Le petit St. Jean dans le désert puisant
de l'eau qui jaillit d'un rocher. On lit en**

bas, à gauche : *B. Murillo inv.*, à droite : *A. de Bartsch fec.* 1815.

Hauteur : 7 p. 3 lig. — Largeur : 5 p. 4 lig.

JULES PIPPI, dit JULES ROMAIN.

343. La résurrection de Jésus Christ, représentée par plusieurs anges qui enlèvent le Sauveur se tenant debout sur un linceul. — *Julius Romanus del.* — *Bartsch sc.*

Largeur : 17 p. 6 lig. — Hauteur : 12 p. 11 lig.

On a de ce morceau quelques épreuves avant la lettre.

344. Silène ivre près d'un tonneau, entouré de Faunes, Satyres et Bacchantes qui font la vendange. — *Jul. Roman. inv.* — *A. Bartsch sc.* 1804.

Largeur : 14 p. 9 lig. — Hauteur : 8 p. 6 lig.

345. Bacchus et Ariadne dans un char traîné par deux tigres qui se reposent sous une arcade de vignes. *Iulius Romanus del.* — *A. Bartsch sc. Oct.* 1803.

Largeur : 13 p. 3 lig. — Hauteur : 9 p. 8 lig.

346. Apollon sur le Parnasse entouré des Muses. *Iulius Romanus del.* — *A. Bartsch*

sc. 1803. *Sept.* Dans le goût d'un croquis à la plume.

Largeur : 15 p. 5 lig. — Hauteur : 10 p. 5 lig.

GUIDO RENI.

347. Jeune fille lisant dans un livre à la chandelle. Gravé en 1782 dans le goût d'un dessein à la plume.

Hauteur : 4 p. 8 lig. — Largeur : 4 p. 1 lig.

L'enlèvement de Proserpine. Voyez *F. Baroccio*, N. 311.

RAPHAËL SANZIO D'URBIN.

348. La Ste. Vierge à genoux, ayant devant elle l'enfant Jésus, à qui le petit St. Jean assis sur le genou de Ste. Elisabeth accroupie, présente une banderole avec les mots supposés: *Ecce Agnus Dei. Raphael Sanzio del.* — *A. Bartsch sc.* Dans le goût d'une esquisse légère à la plume.

Hauteur : 13 p. 2 lig. — Largeur : 11 p.

349. La Ste. Vierge assise, ayant auprès d'elle l'enfant Jésus dont les regards sont tournés vers le petit St. Jean qui est à

genoux devant lui, ayant l'agneau à son
côté. *Raphael del.* — *A. Bartsch. sc.* —
C'est la première idée du fameux tableau
do Raphaël connu sous le nom de la *Belle
Jardinière.* Dans le goût de la pièce précédente.

Hauteur : 18 p. 10 lig. — Largeur : 10 p. 1 lig.

350. Etude de la Ste. Vierge et de deux
saintes femmes debout au pied de la croix.
Raphael Sanzio Urb. del. — *Ex Coll. Prin. C.
de Ligne.* — *A. Bartsch sc.* 1787. — Dans
le goût d'un croquis à la plume.

Hauteur : 12 p. 5 lig. — Largeur : 9 p. 9 lig.

351. La lapidation de St. Etienne. — *Raphael
Urb. del.* — *A. Bartsch sc.* Dans le goût
d'un croquis heurté, fait à la plume.

Largeur : 15 p. 10 lig. — Hauteur : 10 p.

Epreuve d'essai, renfermée dans une bordure
que l'on a ôtée dans la suite.

Cette épreuve a 18 p. 11 lig. de largeur sur 13 p. 3 lig.
de hauteur.

352. Etude d'une figure d'Apollon vu par le
dos. *Raphael Urb. del.* — *Ex Coll. Princ. C.
de Ligne.* — *A. Bartsch sc.* 1788. Dans le
goût d'un dessein à la sanguine.

Hauteur : 13 p. 3 lig. — Largeur : 8 p.

On a de ce morceau quelques épreuves avant la lettre.

353. Deux Faunes et une Bacchante qui dansent et jouent de divers instrumens. *Raphael del. — Bartsch sc.*

Largeur : 15 p. 6 lig. — Hauteur : 10 p. 6 lig.

On a de ce morceau quelques épreuves avant la lettre.

354. La figure du Dante. Esquisse pour le tableau du *Parnasse. Raphael Urb. del. — Ex Coll. Princ. Car. de Ligne. — A. Bartsch sc.* 1787. Dans le goût d'un dessein à la plume.

Hauteur : 12 p. 10 lig. — Largeur : 6 p. 3 lig.

355. Portrait d'une jeune femme à longs cheveux, vue de face et jusqu'aux genoux. On croit que c'est la maîtresse de Raphaël. *Raphael Urb. del. — Ex Coll. Princ. Car. de Ligne. — A. Bartsch sc.* 1788. Dans le goût d'un dessein à la pierre noire.

Hauteur : 11 p. 8 lig. — Largeur : 8 p. 3 lig.

On a de ce morceau quelques épreuves avant la lettre.

356. Etude de trois figures d'hommes à mi-corps, qui paroissent regarder avec attention un objet devant eux. Il est à re-

marquer que Raphaël a fait cette étude pour la *Dispute sur le saint sacrement* que dans la suite il a exécuté à fresque au Vatican. *Raphael Urb. del. — Es Coll. Princ. C. de Ligne. — A. Bartsch sc.* 1787. Dans le goùt d'un dessein fait à la plume sur papier de couleur et rehaussé de blanc.

Hauteur : 10 p. 4 lig. — Largeur : 8 p. 3 lig.

357. Etude de deux mères. L'une qui est accroupie, cache son enfant dans le giron, l'autre debout derrière elle engage une petite fille à prier à genoux. *Raph. del. — A. Bartsch sc.* Il est à remarquer que Raphaël a fait cette étude pour *l'Incendio del Borgo* que dans la suite il a exécuté à fresque au Vatican.

Hauteur : 14 p. 11 lig. — Largeur : 11 p. 4 lig.

358. Combat de quelques gladiateurs. *Raphael Urb. del. — A. Bartsch sc.* Dans le goùt d'un croquis à la plume fait par Raphaël à ce-qu'il paroìt dans sa jeunesse.

Largeur : 16 p. 1 lig. — Hauteur : 11 p. 1 lig.

Epreuve d'essai avec le même changement dont on a parlé à la pièce Nr. 351.

Cette épreuve a 19 p. de largeur sur 14 p. 2 lig. de hauteur.

FRANÇOIS VANNI.

359. St. François Xavier à genoux en prières. *Franc. Vanni del.* — *Ex Coll. Princ. Car. de Ligne.* — *A. Bartsch so.* 1787. Dans le goût d'un dessein à la pierre noire.

Hauteur : 7 p. 5 lig. — Largeur : 4 p.

360. Une religieuse debout dans une chapelle. *Franc. Vanni del.* — *Ex Coll. Princ. Caroli de Ligne.* — *A. Bartsch sc.* 1787. Dans le goût d'un dessein fait aux deux crayons.

Hauteur : 13 p. — Largeur : 10 p. 1 lig.

Epreuve d'essai avant l'inscription dans la marge d'en bas. En dedans de la bordure, vers la droite d'en bas, est écrit en lettres gravées à l'eau-forte : *Franc: Vanni del:* — *Adam Bartsch sculp :* 1787, noms effacés dans les épreuves postérieures avec la lettre.

THIMOTHÉ DELI-A VITE.

361. Les amours de Cupidon et de Psyché. On lit à la gauche d'en haut : *Timothé Viti del:* — *A: Bartsch sc:* 1786, et dans la marge d'en bas : *Timothé della Vite del.* — *Ex Coll. Princ. Car. de Ligne.* — *A.*

Bartsch sc. 1786. Dans le goût d'un dessein à la plume.

Largeur: 10 p, 9 lig. — Hauteur: 7 p. 4 lig.

On a de ce morceau quelques épreuves avant l'inscription dans la marge d'en bas.

FRÉDÉRIC ZUCCARO.

La Ste. Trinité entourée de plusieurs anges qui tiennent les différens instrumens de la passion de Jésus Christ. Voyez *Frédéric Barocoio*, Nr. 309.

III. PIÈCES GRAVÉES AU TRAIT, ET DESTINÉES À ÊTRE LAVÉES À L'ACQUARELLE.

PAR ORDRE ALPHABÉTIQUE.

RICHARD COSWAY.

Une petite fille, vue de face, portant sur la tête un panier rempli de fruits. Voy. *J. Reynolds.* Nr. 483.

V. G. KININGER et ADAM de BARTSCH.

362 — 373. Différens traits de bravoure des soldats de l'armée Imp. et Roy. dans les guerres contre les François dans les années 1792 à 1799. Suite de douze estampes numérotées à la droite d'en bas.

Hauteur: 14 p. 1 lig. — Largeur: 11 p. 1 lig.

Les numéro 362 — 367 sont dessinés par *A. de Bartsch* lui-même, les numéro 368—373 par *V. G. Kininger.*

Au bas de chacune de ces pièces est une explication du sujet écrite en françois et en allemand.

On a de ces douze estampes deux sortes d'épreuves.

Les premières sont avant toute lettre.

Les secondes sont celles dont nous donnons ici le détail; c'est-à-dire avec la lettre, avec l'adresse: *In Wien bey T. Mollo und Comp. am Hof.*, et avec le numéro. *)

362). 1. Bravoure des Soldats Daniel Lukatsy et Barothi. — *Daniel Lukatsy et Barothi, Houssars du Regiment Imp. et Roy. Archiduc-Leopold. — — — en sabrant ceux, qui alloient le tuer. Le 17 May 1792.*

---

*) Les numéro 362 — 367 cependant sont avant le numéro, et portent en bas l'adresse: *Zu Wien bey Artaria u. Comp.*, laquelle a été effacée dans la suite et remplacée par celle de *T. Mollo et Comp.* Nous n'entrons dans ces détails qui paroissent peut-être trop minitieux que pour mettre les amateurs à portée de connoître les meilleures épreuves.

363). 2. Bravoure du soldat George Horne. -- *George Horne, Soldat imp. et royl. du Regiment Terzy, Infanterie. — — — emporta le blessé sur ses épaules. Le* 12 *de Sept.* 1792.

364).+3. Bravoure du soldat Jean Kleineiden. -- *Jean Kleineiden, Caporal imp. et royl. du Regiment Huf, Infanterie. — — — le mit dans ce village sur un chariot pret à fuir.*

365). 4. Bravoure des soldats Christophe Hirschel et Charles Klösch. -- *Christophe Hirschel, Caporal, et Charles Klösch — — — du milieu du feu le plus dangereux. Le* 12 *Juin.* 1793.

366). 5. Bravoure du soldat Grégoire Toth. -- *Gregoire Toth, Soldat Imp. et Roy. du Regiment Giulay infanterie. — — — les tua avec la crosse de son fusil, et ramena le caporal.*

367). 6. Bravoure du soldat George Toth. — *George Toth, Soldat I. et R. du Regiment de Houssards Erdödy — — — fait prisonnier par l'ennemi. En l'an* 1793.

368). 7. Bravoure du soldat Bucher. -- *Le comte de Megawly, major de Manfre-dini — — — mais mon devoir m'oblige de retourner dans le feu. Le 29 d'Octobre,* 1795. On lit en bas, à gauche : *V. G. Kininger inv.*, à droite : *A. Bartsch sculp.*

369). 8. Bravoure du colonel de Mészery. — *Une division d'escadron d' Houſsards de Méſzaros — — — après avoir reçu plu-sieurs blessures, ce* 25ᵐᵉ *May* 1799.

370). 9. Bravoure du soldat Michel Csuich. — *Michel Csuich sergeant du bataillon Mun-katsy — — — ſe soutint dans la dite position.*

371). 10. Bravoure du soldat Wenceslas Weſsely. -- *Wenceslas Weſsely, Sergeant du 5ᵉ Bataillon du Bannat — — — regagna les dits canons.*

372). 11. Bravoure du caporal George Zuchtrigl. -- *Le corporal George Zucht-rigl de Levenehr Dragons — — — tant qu'ils furent sauvés par un Soutien accouru.*

373). 12. Bravoure du soldat Jacques Fleischer. -- *Jacques Fleischer, caporal*

du bataillon Rubeniz — — — et même sur
son dos, en cas qu'il eut poussé plus en
avant.

374—380. Différentes scènes de camp.
Suite de sept estampes inventées par
V. G. Kininger, et marquées au milieu
d'en bas: *In Wien bey T. Mollo u. Comp.*

Largeur: 14 p. 5 à 11 lig. — Hauteur: 11 p, 10 à 12 lig.

On a de ces sept pièces des épreuves avant la
lettre.

374). Des soldats impériaux buvant et
mangeant assis à table près de la tente
d'un vivandier. LAGER DER H. K. GRA-
NADIERS UND ARTILLERISTEN.

375). Des dragons, cuirassiers et che-
vau - légers impériaux assemblés près
de la tente d'un vivandier. LAGER VON
K. K. DEUTSCHER CAVALLERIE.

376). Des houssards et des hulans impériaux dans un camp. -- LAGER DER K. K.
HUSSAREN, UND UHLANEN.

377). Des chasseurs à pied et à cheval
assemblés près d'un grand arbre. LAGER
PIQUET.

K

378). Différens soldats de l'infanterie faisant halte près d'un cabaret. RUHENDE K. K. INFANTERIE TRUPPE.

379). Des soldats d'un corps-franc buvant près d'un cabaret. SCHWEITZERSCHE TRUPPEN.

380). Des charretiers militaires assemblés près d'une forge de camp. FUHRWESER.

381—435. Les militaires de toutes les armes qui composoient l'armée Autrichienne en 1800. Suite de cinquante cinq estampes*) inventées pour la plus grande partie par *V. G. Kininger* à l'exception des pièces 410—415, 418—420, et 423 qui sont du dessein d'*A. de Bartsch.*

Hauteur : 8 p. 1 à 11 lig. — Largeur : 6 p. 1 à 7 lig.

381). Un cuirassier arrêté sur son cheval.

382). Autre allant au trot vers la droite.

383). Autre tirant son sabre.

---

*) Ces cinquante cinq estampes font partie d'une suite de plusieurs autres, dessinées et gravées par différens artistes.

384). Autre arrêté sur son cheval, dirigé vers la gauche.

385). Autre arrêté sur son cheval, dirigé vers la gauche. Il a son sabre à la main.

386). Autre vu par derrière, faisant signe de sa main droite étendue.

387). Autre allant au galop vers la gauche.

388). Autre parant de son sabre un coup de son ennemi supposé.

389). Autre allant au galop vers la droite, le sabre à la main.

390). Autre allant au galop vers la gauche, le sabre à la main.

391). Un dragon vu de trois quarts, allant au pas vers le devant à droite.

392). Autre arrêté sur son cheval, vu de profil et tourné vers la droite.

393). Autre arrêté sur son cheval, tourné vers la gauche et ayant le sabre à la main.

394). Autre arrêté sur son cheval, tourné vers la gauche et ayant un pistolet à la main.

395). Autre tirant un pistolet. Il va au galop vers la gauche.

396). Un chevau-léger vu de trois quarts et le sabre à la main. Il est dirigé vers la droite du devant.

397). Autre vu de profil, arrêté sur son cheval, tourné vers la droite.

398). Autre tirant un coup de pistolet en arrière.

399). Autre attaquant au galop, le sabre à la main.

400). Autre sautant avec son cheval par-dessus une haie.

401). Un hulan allant au galop vers la droite.

402). Un houssard tourné vers la droite.

403). Autre tourné vers la gauche.

404). Un officier debout et vu de face, ayant les deux mains appuyées sur son bâton.

405). Autre debout, tenant de la main droite un bâton et ayant l'autre appuyée sur sa hanche.

406). Autre debout et tourné vers la gauche. Il écrit dans ses tablettes.

407). Autre debout et dirigé vers la gauche. Il a la main droite posée sur l'estomac et l'autre sur la poignée de son épée.

408). Autre debout dirigé vers la droite. Il a la main gauche posée sur la poitrine et l'autre, de laquelle il tient un bâton, appuyée sur sa hanche.

409). Autre marchant vers la droite, tenant un bâton de la main droite et ayant l'autre posée sur la poitrine.

410). Un grenadier hongrois vu de face.

411). Un soldat de l'infanterie hongroise vu de face et se reposant sur ses armes.

412). Autre vu de profil, dirigé vers la gauche.

413). Soldat de l'infanterie allemande vu de face, tenant de la main gauche son fusil et ayant l'autre en pente.

414). Autre ayant le bras gauche posé sur le fusil qu'il porte sur l'épaule, et ayant la main droite fourrée dans la courroie de sa giberne.

415). Autre dirigeant ses pas vers la gauche. Il porte son fusil sur l'épaule droite, et fait un geste de la main gauche.

416). Autre vu de profil et dirigé vers la droite. Il porte son fusil de la main gauche, et a l'autre en pente.

417). Autre vu de profil et tourné vers la droite. Il a les bras croisés, et porte les armes, le chien du fusil appuyé sur le bras gauche.

418). Autre tenant son fusil de la main droite, et ayant l'autre portée sur la boucle de son ceinturon.

419). Autre ayant les mains croisées devant lui.

420). Autre ayant les bras croisés.

421). Un tambour et un fiffre, l'un à côté de l'autre.

422). Un canonier vu de profil et tourné vers la droite.

423). Un sapeur portant son fusil de la main gauche. Il est vu de trois quarts, dirigeant ses pas vers la droite.

424). Un charretier tenant son fouet de la main droite.

425). Officier du corps-franc des Viennois.

426). Volontaire du corps-franc des Vlennois. On lit en bas: *Wiener Frey Corps.*

427). Cavalier du corps-franc des Viennois. On lit en bas: *Borittenes Corps der Wiener Freywilligen.*

428). Volontaire du corps-franc de l'académie des beaux arts. On lit en bas: *Freywillige von der k. k. freyen Academie der bild. Künste.*

429). Volontaire du corps-franc des marchands de Vienne. On lit en bas: *Freywilliges Corps des Wienerischen Handel Standes.*

430). Volontaire du corps-franc des étudians de Vienne. On lit en bas: *Frey Corps der Studenten.*

431). Volontaire des états de l'archiduché

d'Autriche. On lit en bas : *Frey Corps der Oesterreichischen Landstände.*

432). Volontaire des chasseurs. On lit en bas : *Freywillige Jäger.*

433). Volontaire des Tyroliens. On lit en bas : *Tyroler Freywilliger.*

434). Homme de la levée en masse des faux - bourgs de Vienne. On lit en bas : *Allgemeines Aufgebot der Wiener Vorstädte.*

435). Paysan de la levée en masse du plat - pays. On lit en bas : *Bewaffneter Landsturm.*

436—460. Les costumes de différentes nations des états de l'Autriche. Suite de vingt cinq estampes numérotées à la droite d'en bas.

Hauteur : 11 p. 3 à 11 lig. — Largeur : 9 p. 1 à 3 lig.

Ces vingt cinq pièces dessinées par *V. G. Kininger* font partie d'une suite de plusieurs autres gravées par différens artistes.

Chacun de ces morceaux porte en bas une inscription en françois et en allemand, et l'adresse : *à Vienne chez T. Mollo et Comp.*

436). 4. *Un Paysan de la haute Carniole.*

437). 5. *Une jeune paysanne de la haute Carniole, en habit de fête.*

438). 6. *Une Paysanne de la haute Carniole, en habit d'Été.*

439). 7. *Un Paysan de la haute Carniole, en Habit d'Été.*

440). 8. *Paysanne de la haute Carniole, en habit d'hiver.*

441). 9. *Paysan de la haute Carniole, en habit d'hiver.*

442). 10. *L'Escrimeur Tyrolien.*

443). 12. *Servante d'auberge d'Inspruk en Tyrol.*

444). 14. *Un paysan du Cercle d'Egera en Bohême.*

445). 15. *Une femme et fille paysanne du Cercle d'Egera en Bohême.*

446). 16. *Paysan Slave du comitat de Neutra.*

447). 17. *Paysanne Slave du comitat de Neutra.*

448). 18. *Paysan Hongrois.*

449). 19. *Paysanne Hongroise.*

450). 20. *Paysan de Flipovan dans la Buc-covine.*

451). 28. *Un Seressan.*

452). 29. *Bohémien.*

453). 31. *Iuive Polonoise.*

454). 32. *Iuif de Mungatsch.*

455). 33. *Iuifs Polonois.*

456). 34. *Comtesse Zouppanoise du pays de Cattaro en Albanie.*

457). 35. *Comte Zouppanois du pays de Cat-taro en Albanie.*

458). 36. *Un Risanote et son épouse, de Bocche di Cattaro.*

459). 37. *Protopope ou prêtre grec, de Bocche di Cattaro.*

460). 38. *Un Zoupanois, et sa Femme.*

GUILLAUME KÖBELL.

461. Des troupes françoises en marche. On lit en bas, en dedans de la bordure, vers la gauche: *A. Bartsch sc.* 1802 *April.*, et à droite: *Wilhelm Kobell pinx.* 1800.

Largeur: 18 p. 3 lig. — Hauteur: 14 p.

462. Autre sujet semblable , où l'on voit
au milieu cinq houssards françois. On lit
en bas, en dedans de la bordure, à gauche:
A. Bartsch sc. 1802, et à droite: *Wilhelm
Kobell del.* 1800.

Même dimension.

463. La cavalerie du roi de Bavière en
marche. En bas, en dedans de la bordure,
est écrit en lettres gravées à l'eau - forte,
vers la gauche: *W. Kobell p.*, et à droite:
A. Bartsch sc. Hors de cette bordure on
lit, à gauche: *Dessiné par Guill: Kobell.*,
à droite: *Gravé par A: Bartsch.*

Largeur: 20 p. 10 lig. — Hauteur: 16 p. 2 lig.

On a de ce morceau deux sortes d'épreuves.

La première est entièrement de la pointe de
nôtre artiste. On n'y lit pas les noms gravés
au burin et le milieu de la marge d'en bas n'y
est pas supprimé.

La seconde est celle que l'on a détaillée. On a
fait des changemens considérables tant dans les
attitudes des figures, que dans leur costume.

464. L'infanterie du roi de Bavière, parti
en marche, parti en bivouac. En bas,
en dedans de la bordure, est écrit en

lettres gravées à l'eau - forte, à gauche:
W. Kobell pinx., à droite: *A. Bartsch sc.*
Hors de la bordure on lit à gauche:
Dessiné par Guill. Kobell., à droite: *Gravé*
par A. Bartsch.

Même dimension.

On a de ce morceau pareillement deux épreuves,
avec les mêmes différences que l'on a détaillées
à la pièce précédente.

465. Chariot de bagage des troupes Russes
en marche. On lit en bas, en dedans de
la bordure, à gauche: *Wilh. Kobell del.* 1799.,
et à droite: *A. Bartsch sc.* 1800.

Largeur : 24 p. — Hauteur : 18 p. 10 lig.

466. Femme d'un officier Russe en marche.
On lit en bas, en dedans de la bordure,
à gauche: *W. Kobell del.* 1799., et à droite:
A. Bartsch sc.

Même dimension.

467. Marche de houssards impériaux.

Largeur : 23 p. 10 lig. — Hauteur: 18 p. 20 lig.

468. Marche d'un régiment de hulans impériaux.

Même dimension.

469. Un gentil-homme à cheval, suivi de

son joquey, et un autre gentil-homme dans une calèche au Prater. En bas, en dedans de la bordure, est écrit en lettres gravées à l'eau-forte, à gauche : *Wilh. Kobell pinx.*, à droite : *A. Bartsch sc.* 1804. Hors de la bordure, dans la marge d'en bas, on lit : *W. Kobell pinx. — A. Bartsch sculp. — Promenade à cheval au Prater, vers le lusthaus. Unterhaltung zu Pferde im Prater nach dem Lusthaus. — à Vienne chez Artaria et Comp.*

Largeur : 16 p. 2 lig. — Hauteur : 12 p.

470. Deux gentilshommes à cheval arrêtés devant un autre gentil-homme qui mène sa femme au bras, et qui est précédé de deux enfans. Le fond offre une vue du Prater. En bas, en dedans de la bordure, est écrit en lettres gravées à l'eau-forte, à gauche : *W. Kobell p.*, à droite : *A. Bartsch sc.* 1800. Hors de cette bordure, dans la marge d'en bas, on lit : *W. Kobell pinx. — A. Bartsch sculp. — Promenade à cheval au Prater, vers le Panorama. Unterhaltung zu Pferde im Prater bey dem Panorama.*

Même dimension.

On a de cette estampe ainsi que de la précédente
des épreuves avant les inscriptions gravées au
burin dans la marge d'en bas.

471. Deux enfans allant au devant de leur
père revenant du labour. On lit en bas,
en dedans de la bordure, à gauche : *A.
Bartsch sc.*, et au milieu : *Wilhelm Kobell
pinx.*

Largeur : 22 p. 7 lig. — Hauteur : 19 p. 5 lig.

472. Des enfans portant à boire et à manger
à leur père qui laboure son champ. On
lit en dedans de la bordure, à gauche :
Wilhelm Kobell pinx. 1800. — *A. Bartsch
sculp.* 1802.

Même dimension.

473. L'approche de l'orage. Un chariot sur
lequel sont assis deux hommes et trois
femmes. On remarque vers le milieu une
femme portant un panier près de deux
arbres courbés par le vent. On lit en bas,
en dedans de la bordure, au milieu :
Wilhelm Kobell f. 1796, et à droite : *A.
Bartsch sc.* 1803.

Largeur : 20 p. 7 lig. — Hauteur : 16 p. 2 lig.

474. Le vent et le tonnère. Un chariot sur

lequel sont assis un capucin et deux
femmes, dont l'une tient un parapluie re-
tourné par le vent. On lit en bas, en
dedans de la bordure, vers la gauche :
Wilmholm Kobell, et à droite : *A. Bartsch sc.*

Même dimension.

475. La pluie. Un chariot sur lequel sont
assis un homme et quelques femmes dont
il y en a une qui tient un parapluie. Le
chariot est attelé de trois chevaux. On lit
en bas, en dedans de la bordure, à gauche : -
Wilh. Kobell p., et au milieu : *A. Bartsch sc.*

Largeur : 20 p. 3 lig. — Hauteur : 15 p. 10 lig.

476. L'arc-en-ciel. Un chariot attelé de
deux chevaux qui vont au galop. On voit
à gauche une jeune villageoise faisant
marcher son troupeau de moutons vers le
devant.

Largeur : 20 p. 6 lig. — Hauteur : 16 p.

LODER.

477. Carricature d'un cuisinier excessive-
ment gros, représenté debout, tenant de
la main gauche une oie déplumée et de

l'autre une lardoire. Le fond est une cuisine.

Hauteur: 10 p. 4 lig. — Largeur: 8 p. 8 lig.

MARTIN DE MOLITOR.

478. Vue du château d'Ambras en Tyrol.

Largeur: 18 p. 7 lig. — Hauteur: 14 p. 4 lig.

479. Vue du grand chemin sur la montagne dite d'Arlberg.

Même dimension.

Cette pièce ainsi que la précédente font partie d'une suite de six pièces gravées par *Duttenhofer* et *J. Gauermann* d'après les desseins de *M. de Molitor*. Voyez page 65 du Catalogue de l'oeuvre de Molitor, publié par A. de Bartsch en 1813.

JOSUÉ REYNOLDS.

480. Ieune demoiselle, jettant du grain à des poules. BETTY. — *Josuah Reynolds inv.* — *In Wien bey T. Mollo und Comp: am Hof.*

Hauteur: 11 p. 3 lig. — Largeur: 8 p. 1 lig.

481. Une petite fille, ayant un oiseau perché sur son bras, et semblant parler à un

grand chien devant lequel elle est debout.
MARIE. — *Josuah Reynolds inv.* — *In Wien bey T. Mollo u. Comp. am Hof N.° 346.*

Hauteur : 11 p. 4 lig. — Largeur : 9 p.

482. Autre jeune fille courant dans un paysage. Elle a la tête couverte d'un chapeau rond, faisant signe de la main droite.
SOPHIE. — *In Wien bey T. Mollo und Comp : am Hof N.° 346.*

Même dimension.

483. Autre petite fille, vue de face, portant sur la tête un panier rempli de fruits. Elle est précédée d'un chien qui l'aboye.
FANNY. — *Richard Cosway inv:* — *In Wien bey T. Mollo und Comp : am Hof.*

Hauteur : 11 p. 9 lig. — Largeur : 8 p. 9 lig.

Planches explicatives pour les ouvrages littéraires imprimés de l'auteur.

484. Planche explicative pour le catalogue de l'oeuvre du Guido Reni publié en 1795 à Vienne chez A. Blumauer. On y a représenté quatorze figures.

Largeur : 6 p. 11 lig. — Hauteur : 5 p. 5 lig.

L

485—487. Trois planches explicatives pour la première partie du catalogue raisonné de l'œuvre de Rembrandt publié en 1797 à Vienne chez A. Blumauer. Ces planches sont numérotées à la droite d'en haut.

485). 1. La première offre les figures 1 jusqu'a 11.

> Largeur: 9 p. 4 lig. — Hauteur: 6 p. 4 lig.

486). 2. La seconde offre les figures 12 jusqu'à 24.

> Même dimension.

487). 3. La troisième offre les figures 25 jusqu'à 29.

> Hauteur: 6 p. 3 lig. — Largeur: 5 p. 6 lig.

488. Planche explicative pour le catalogue de Lucas de Leyde publié en 1798, à Vienne chez I. V. Degen. Voyez page 114 de ce catalogue.

> Largeur: 2 p. 7 lig. — Hauteur: 1 p. 6 lig.

489--491. Trois planches avec différens sujets gravés d'après des gravures en bois, pour completter l'ouvrage intitulé: *Ehrenpforte. Arc triomphal de l'Empereur Maximilien I.*, publié à Vienne en 1799 chez T. Mollo.

489). La première offre quatorze différentes pièces marquées des lettres : A. B. C. D. E. F. H. I. N. Q. P. R. T. V.

Hauteur : 18 p. 11 lig. — Largeur : 12 p. 9 lig.

490). La seconde offre trois sujets marqués des lettres : G. O. K. On lit à la droite d'en bas : *A. Bartsch imit:*

Largeur : 18 p. 6 lig. — Hauteur : 7 p. 3 lig.

491). La troisième offre pareillement trois sujets marqués des lettres : M. S. L. On lit au milieu d'en bas : *A. Bartsch imit:* 1798.

Largeur : 15 p. 8 lig. — Hauteur : 8 p. 6 lig.

492. Planche explicative offrant trois figures pour le premier volume du Peintre - Graveur. On lit en haut, à gauche : *Peintre graveur.*, à droite : *I*er *Volume.*

Hauteur : 5 p. 5 lig. — Largeur : 3 p. 4 lig.

493—501. Neuf planches explicatives pour les volumes VI. VII et VIII du Peintre - Graveur. Elles sont marquées en haut des nombres du volume et de la planche.

493). *VI. Vol. Pl. I.* Copie exacte des anciennes inscriptions marquées sur le dos du portrait de M. Schongauer, décrit à l'article 135. On lit en haut: *Inscriptions d'un ancien Portrait de Martin Schongauer. VI. Vol. Pl. I.*

Largeur : 7 p. 1 lig. — Hauteur : 5 p. 4 lig.

494). *VII. Vol. Pl. II.* offrant les figures 1 jusqu'à 7.

495). *VII. Vol. Pl. III.* offrant les figures 8 jusqu'à 15.

496). *VII. Vol. Pl. IV.* offrant les figures 16 jusqu'à 24.

497). *VII. Vol. Pl. V.* offrant les figures 25 jusqu'à 33.

498). *VII. Vol. Pl. VI.* offrant les figures 34 jusqu'à 42.

499). *VII. Vol. Pl. VII.* offrant les figures de l'estampe originale de Lucas de Leyde, nommé l'Espiègle.

500). *VIII. Vol. Pl. VIII.* offrant les figures 1 jusqu'à 8.

5o1). *VIII. Vol. Pl. IX,* offrant les figures 9 jusqu'à 15.

A P P E N D I C E.

5o2 — 5o5. Quatre vignettes gravées par mon père pour le présent catalogue; savoir :

5o2). Un entrelas d'un porte - crayon, d'une pointe et d'un burin.

5o3). Dieu le père à mi - corps. Répétition en petit de N.° 261 de ce catalogue.

5o4). St. Jean Baptiste priant dans le désert. Répétition en petit de N.° 281.

5o5). Une vache debout, vue de face et ayant la tête baissée pour brouter. Répétition de N.° 223.

ERRATA.

Page	Ligne	Au lieu de	lisez:
2	20	dans le recueil de son oeuvre	dans son recueil.

www.ingramcontent.com/pod-product-compliance
Lightning Source LLC
Chambersburg PA
CBHW072240270326
41930CB00010B/2207